柳琴戏苑长青树

——张金兰评传

王秀庭　著

中国戏剧出版社

图书在版编目（CIP）数据

柳琴戏苑长青树：张金兰评传/王秀庭著. —北京：
中国戏剧出版社，2019.8
ISBN 978-7-104-04841-1

Ⅰ. ①柳… Ⅱ. ①王… Ⅲ. ①张金兰—评传
Ⅳ. ①K825.78

中国版本图书馆CIP数据核字（2019）第151508号

柳琴戏苑长青树——张金兰评传

责任编辑：黄艳华
责任印制：冯志强
校　　对：张文茜

出版发行：中国戏剧出版社
出 版 人：樊国宾
社　　址：北京市西城区天宁寺前街2号国家音乐产业基地L座
邮　　编：100055
网　　址：www.theatrebook.cn
电　　话：010-63381560（发行部）　010-63385980（总编室）
传　　真：010-63383910（发行部）

读者服务：010-63387810
邮购地址：北京市西城区天宁寺前街2号国家音乐产业基地L座

印　　刷：鑫海达（天津）印务有限公司
开　　本：787mm×1092mm　1/16
印　　张：14.25
字　　数：200千
版　　次：2019年8月　北京第1版第1次印刷
书　　号：ISBN 978-7-104-04841-1
定　　价：69.00元

1999 年张金兰参加演唱会

2005 年张金兰深入企业为工人们演出

2015 年 4 月文化部领导看望张金兰

2017 年 2 月临沂市委宣传部长任刚和市文广新局局长曹首娟看望张金兰

2018 年 2 月临沂市副市长常红军为张金兰颁发临沂市非物质文化遗产保护传承终身成就奖

2018 年 5 月张金兰参加郯城县柳琴戏陈列馆落成典礼

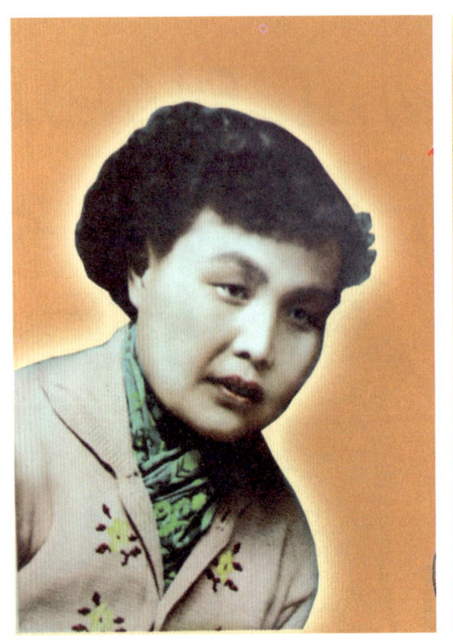

张金兰年轻时的便装照

邵瑞武小生扮相照

20 世纪 50 年代木版刻印戏报。按照当时的戏报格式，在主要演员一栏中，以张金兰为中心，标明“荣获省一等演员奖”，并打出了张金兰主演的“头炮戏”《秦香莲》。

1977 年张金兰在《王二英思夫》中饰演王二英

柳琴戏张派传人刘桂红在《闹书房》中饰演张五姐

柳琴戏张派传人邵丹剧照

1956 年山东省第二届戏曲观摩演出大会奖章

1956 年上海唱片社为张金兰灌制的唱片

国家级非物质文化遗产代表性传承人张金兰的奖牌

国家级非物质文化遗产项目柳琴戏代表性传承人张金兰的水晶奖杯

张金兰近照

目　录

第一章

学　艺

初出茅庐　随父“跑坡”

张金兰回忆：“俺父亲叫张仲怀，原来唱柳琴（戏），那会儿，叫拉魂腔。在农村，家里穷，地少，俺父亲就去学了拉魂腔，好挣饭吃……师傅本村的，姓杨……”[①]

张金兰的家乡郯城县，位于山东省最南端，为春秋时期的郯国故地，也是古徐文化的发源地，素有“鲁南重镇”的称号。只可惜到了明清时期，水旱频发，地质灾害不断，土匪盗贼横行，致使民心涣散、百姓生活困苦。康熙七年的大地震更使郯城雪上加霜。乾隆年间，兰、郯一带旱涝灾害不断，贫苦百姓无以为生，只得四处逃荒要饭。为了便于乞讨，有的就用当地流行的姑娘腔、花鼓调等“唱门子”来替代“叫门子”，所谓的“唱门子”就是以说唱的形式沿门乞讨，即“游食”，这是拉魂腔的萌芽阶段。“唱门子”时大都一人或两人，基本都是自己家里人。后来发展为打

① 作者自2016年冬起多次到张金兰先生家中进行采访，因考虑到先生年龄和健康，每次访问时间有限，历时一年多才完成。本书中张金兰回忆多出自采访记录。

地摊演出的“跑坡”。不论是“唱门子”，还是“跑坡”，这种用来讨生活的“小曲”，百年来经过各地民间艺人的不断完善，逐渐发展成为具有丰富唱腔和表演特点的民间小戏形态，因其尾音翻高“上行大跳小七度，翻高七个音”[①]而得名，俗称“拉魂腔”。

民间很早就流传有“临郯苍，柳琴窝”的说法，即临沂市、郯城县和苍山县乃为柳琴戏最早聚集分布的主要区域。在那段时期，便涌现了一批最早的柳琴戏名角儿，目前尚有名字可查的就有临沂的彭二、彭三、卢四大锤，费县的老吴四先生、赵成德、汤有才，郯城的王从明、刘发锡、刘老四、王增超、曾礼吉、刘洪标等。近代被誉为“北派柳琴戏的掌门人”的著名柳琴戏表演艺术家张金兰，也诞生在这片沃土上。

1928 年 4 月 22 日，张金兰出生在郯城县花园乡三截庄，祖辈皆为面朝黄土背朝天的农民。父亲张仲怀虽然头脑灵活，但因地处偏僻的山村，又生在十年九灾的年月，一直无法摆脱贫困的处境。一家三口住在低矮的小草房中，家里仅有两亩薄地，年景又不好，地里的收成少得可怜，根本无法解决一家人的温饱。张仲怀苦思冥想，决定学唱柳琴戏当作养家糊口的“饭门”[②]。

事实上，民间早期传承演唱柳琴戏的艺人，多为如张仲怀一般聪颖好学的穷苦农民。这些艺人多数没有接受过文化教育，无法胜任学习戏曲表演中的唱词、曲调的读写记录。于是，先辈艺人们就巧妙地选取日常生活场景和表现喜怒哀乐的心情动作，以固定结构、句法、唱腔的方式，形成了利于“口传身授”、可独立表演却还没构成戏曲剧目的小唱段，这些小唱段被柳琴戏艺人们称为“篇子”，唱词格式则被称为“娃娃”“羊子”[③]。

---

① 中国大百科全书总编辑委员会《戏曲曲艺》编辑委员会，《中国大百科全书、戏曲曲艺》卷，中国大百科全书出版社 1983 年第 1 版，第 222 页。

② 方言，意同“手艺”。

③ 娃娃是拉魂腔最常见的传统唱词格式，因其词格由八句构成，艺人们形象地称其为“八句子”；羊子也是拉魂腔常见的传统词格形式之一，共由十二句唱词构成。

这些“小戏”或“篇子”演唱起来，不受场地和服装的制约，又兼之唱词精练、表达明了、简单易学、门槛低，能为贫困农民带来或多或少的经济收益，因而郯城一带学唱柳琴戏的农民很多。

柳琴戏的原始曲调简单，用老艺人的话讲，就是“一仰吧，一哈吧”。熟悉的乡音，简单曲调，张仲怀经过长时间的听戏熏陶，再加上人聪明、悟性好，于是张口便能学唱上几段“小戏”。正是因为有了这份爱好和良好的演唱功底，让其在拜了同村杨姓柳琴戏艺人为师之后，学唱起柳琴戏来驾轻就熟，得心应手。不长时间，便可熟练地表演譬如《观灯》《拦马》《大小鳖山》《北齐国》等多个传统剧目了。

这一时期，民间柳琴戏艺人演出的地点，多在离家不远的街头巷尾、集市街道，看戏的观众也多为“土里刨食”的庄户人。这些本土观众对柳琴戏表演艺术要求不高，除了希望唱腔嘹亮、婉转好听外，剧目、伴奏、服装和演出场地等，皆可因陋就简，并无特别要求。演员的柳琴戏表演亦相对简单，只是即兴模拟一些表演的动作，并无固定程式。为此，张仲怀在跟着师傅学会了几出传统戏后，便买上一把月琴，到家乡周边的农村巷口、集市，安场卖艺。卖艺演出时，因为家境贫寒买不起“行头”，张仲怀就将随身穿的破棉袄当成演出服，这种演出形式被民间称为“棉袄戏”。

> 那时候，俺父亲单独演出的时候，就是一把柳琴，旁也没有什么；打小锣，打大锣都是搁一块儿打的，（大小锣）挂那儿，（演出的时候）先砸一个“橛子”，再挂那儿，这边放大锣，这边放小锣。[①]

张金兰自童年时期就开始跟随父亲走街串巷去卖艺。那时候，张仲怀身后背着一把月琴，肩膀上担着晃晃悠悠的扁担，扁担两端钩吊着两只箩

① 作者采访记录。

筐，分别堆放着长木凳等摆摊圈场子的家伙什儿。因为心疼年幼的女儿，通常情况下，张仲怀一手扶着晃晃悠悠的扁担，一手抱着小张金兰。爷儿俩就是这样，脚挪步量着去赶集，寻找人流密集的路口占场，摆凳子、围场子，再将挂着大小锣的木撑子支好，挂好大小锣。

这种悬挂大小锣的伴奏形式在《中国戏曲音乐集成·山东卷》中做过详细的记载："人手少的就只用大锣和小锣，而且多由弹柳叶琴的人员兼打，其方法是，在一个丁字架上，两头分悬大小两面锣，演奏者怀抱着柳叶琴，右手食指套锣糙，中指套拨子（一个竹筒），左手持小锣板，两手并用，左右开弓，打完一阵，抓起柳叶琴就弹，这种打法也延续了很长时间，直到中华人民共和国成立后，还偶尔可以看到。"①张仲怀这种早期的表演形式，有一句经典的表演谚语可以一语概括："怀抱月琴（指柳琴）帮着腔，脚蹬手刨锣儿响"②。

将演出前的准备工作做好之后，张仲怀端坐在凳子上，将月琴调得叮咚作响，小张金兰机灵地随着父亲的柳琴音敲锣震场。调整好琴弦，张仲怀清清嗓子起腔唱戏，他边唱边弹，当唱段进入下一段的过门时，手脚并用，一只手打钹，一只脚打板儿。这样的表演形式，不说是热热闹闹的柳琴戏演唱，只说是手脚并用的伴奏也够观众观赏一会儿的了。这种看似随意的伴奏方式，给了早期民间柳琴戏艺人们很大的发展空间。

拉魂腔的伴奏采用了说唱形式的伴奏方法，过门和前奏都没有固定的谱子，可长可短，运用自如。只要演员不脱板、不慌腔，随时可以搭口演唱。伴奏的旋律同演唱大部分不一致，主要是根据演员的唱腔、情节的需要，依仗着艺人的经验和伴奏技巧自由配合的。只要不

---

① 中国戏曲音乐集成编辑委员会：《中国戏曲音乐集成·山东卷》，中国 ISBN 中心 1996 年版，第 547 页。

② 江苏戏曲志编辑委员会：《江苏戏曲志·柳琴戏志》，江苏文艺出版社 2004 年版，第 250—251 页。

脱离每个腔、句的基本旋律和节拍，可自由加花伴奏。其他帮衬乐器不完全跟腔，只在每个腔、句的尾部跟进，接奏过门。每一唱词后面，大多有一句模仿性的伴奏乐句出现，借以加深唱腔的印象，并给予演员以休息的机会。[①]

很快，清脆悦耳的月琴和锣鼓点勾起了周围老百姓的“柳琴戏瘾”，他们闻声快速聚拢过来。张仲怀见人聚得差不多了，才清清嗓子开腔。待张仲怀唱腔落罢，伴随着叫好声，一直安静地帮着打锣鼓点的小张金兰，身手麻利地站起来，双手端着小箩筐挨个儿向围观的百姓讨要赏钱。

有些年长的观众见小姑娘灵秀可人、声音甜美，心下甚是喜欢，就故意拿话逗她：“这丫头机灵，声音也好听，唱段戏文给俺们听听，唱得好，咱们就多给你些赏钱，让你买糖吃！”

所谓“言者无心，听者有意”，张仲怀于是萌发了让女儿学唱柳琴戏的念头。

民间早期学唱柳琴戏一般有两种方式，拜师或者家传。若要拜师，需要先找人说好，再托人写帖子。正式拜师时，需由引见人领着，徒弟手里提着买好的点心，见到老师的时候，将写好的帖子恭恭敬敬地递到老师跟前。老师接过帖子，拜师人要先给老师磕头，老师若是点头回礼，这就算是收了徒了。这样的收徒方式有门里、门外之分，“门里徒”一般跟师傅学三年，送师一年。也就是说，第一年登台挣的钱先孝敬师傅，若是在学徒期间因为种种原因发生意外死伤类的事故，老师概不负责；而“门外徒”一般是只管吃不管穿，除了学戏老师什么也不管。民间这种严格的师徒传承规矩，适用于各个剧种，也正是这种明确的师徒传承体系，以及口耳相传的传统传承方式，有力地推进了柳琴戏艺术生生不息、不断发展壮

① 朱瑞云：《柳琴剧曲调介绍》，南京江苏人民出版社 1957 年版，第 6 页。

大的进程。相比较于手续繁琐、严格的拜师学艺，家传学戏就相对来说简单很多，一般由会唱柳琴戏的父母兄长“口传手授”，教会即可。

事实上，对于张金兰来说，柳琴戏就像空气一样充实于童年生活的角角落落。听着拉魂腔长起来的她，早已潜移默化地把柳琴戏当成了生活的一部分；可以这样说，在张金兰的童年生活中，柳琴戏既是精神上的依靠，又是陪伴左右的玩伴。

“压花场”初试身手

张金兰回忆：“我六岁就跟俺父亲出来，出来就是只能唱个小压场篇儿，唱一小段子，一点点，也就几句那样的，他们唱到哪里俺就跟着到哪里，一欢迎非叫我唱呢，我就出去唱两句，唱完了给我两个钱，我就买糖块吃。”[①]

六岁，是个原本该每天待在家里玩耍、撒娇、睡懒觉的年龄，小张金兰却在父亲的引领下，早早地负担起了养家的重担。农闲时节，她起早贪黑地跟着父亲奔波于集市街头，安场卖唱，补贴家用。

无幕布戏台，一般是用一条凳子分出前后场，用毛巾、彩带、长衫、短褂、饭搭子，后来又添了大礼帽、马鞭子和长杆短棍作为行头和道具，演员也采用简单的化妆，如用白粉把鼻子一抹，用锅灰把嘴

① 作者采访记录。

一画，就充当剧中不同的角色，乐器也添了大锣、小锣和板鼓。演完后由村人齐粮、齐饭或齐钱，作为报酬……[①]

刚开始的演出多以父亲演唱为主，小张金兰乖巧地坐在戏场一角，一边帮着父亲敲锣鼓点儿，一边帮腔学唱。父女二人热热闹闹的柳琴戏表演通常会引发很多老百姓的围观，但因为乡间百姓生活多为贫苦，给不了多少赏钱，为此，父女二人即便是唱上一天，累得口干舌燥，浑身酸痛，也挣不了几个小钱。好在，看戏的老乡宅心仁厚，一般都会从家里拿些煎饼、米、粮送与他们。张金兰称之为“齐饭”，这些“齐”来的米粮饭食，虽然不起眼，却有效地缓解了家庭经济的窘迫，让张金兰一家人的生活稍微有了些起色。

之所以选择让小张金兰学唱柳琴戏，张仲怀最初不过是想让女儿在日后有个维持生计的“饭门”。估计当时老人家做梦都不会想到，此举竟无意中成全了一位柳琴戏表演艺术天才。孔子云：“知之者不如好之者，好之者不如乐之者。”可以想象得到，一个五六岁的小女孩跟着父亲走村串巷卖艺献技，风餐露宿、风吹日晒，是多么的辛苦。可现如今，年逾九十的张金兰先生提到这段往事时，却说从来没觉得过苦。或许，在当年这位小姑娘眼中，走出家门，观景、看人、和父亲一起唱柳琴戏，这些都远比在小院子里一个人玩耍要有趣得多。不能不说，是父亲循序渐进的引导和言传身教的影响，为张金兰辉煌的柳琴戏演艺事业奠定了良好的基础。民间老一辈艺术家大多都有因学戏而吃苦挨打的经历，可张金兰说起“学唱柳琴戏”的过程，却透露出快乐、爽朗的神情，她语气轻快地说：“学戏的时候，我没有挨过打，我父亲教一句，我学唱一句，很快就学会了。”

张金兰这种对幼年学戏的轻松记忆，一则来自父亲张仲怀对其柳琴戏

① 山东省政协文史资料委员会编：《齐鲁戏曲春秋》，中国文史出版社 1999 年版，第 237 页。

唱腔唱调的传承要求不高，不过是口传身授时要求女儿保持“词、腔、身段”的形似；再者，小张金兰天资聪慧、观察力强、悟性高、嗓子好，在跟随父亲的演出中，早已耳濡目染，心中有戏。学唱的时候只要张仲怀稍加点拨，她便能唱得得心应手。毋庸置疑，是父亲张仲怀让小张金兰在毫无压力的情况下对柳琴戏产生了浓厚的兴趣。也正是因为有了这样学戏的兴趣，她才能在很短的时间内学会当时老百姓耳熟能详的多出“小旦戏”，如《拙大姐》《观灯》《小姑贤》《卖爱》《拾棉花》《打干棒》，等等。

会唱小戏的张金兰，从父亲赘脚的“小拖累”，到可有可无的“伴奏人员”，进而成为父亲的助手与搭档。父女携手演出期间，在演出内容、装扮和形式上，已经比张仲怀单独演出的时候完备很多。首先在“行头”上，除了增添了演老旦戏必备的大襟褂子、长裙，小张金兰演小旦戏用的“纱包头”[①]之外，还添加了两人演武戏时对打用的木质大刀和长枪。

这期间，小张金兰主攻“小旦戏”，演出形式则多以“压花场”[②]为主。即在开戏前，先由张金兰饰演的小旦上台，为父亲的主戏暖场，上演的“篇子”或“小戏”可长可短，有的有故事情节，有的没有故事情节，有的则仅仅是一场戏中的某一唱段。

1935年腊月，临近春节的郯城马山集会上，人流如织。父亲张仲怀从熙熙攘攘的人流中走出来，像往常一样在喧闹的路口找好了演出场地，对站在一旁的张金兰低声交代了几句演出的注意事项后，便转身拿起月琴端坐于木凳一旁，拨动了琴弦。

在“叮叮咚咚”的试音声中，小张金兰披着“纱帔”，小手捏着蝉翅般“纱帔”的一角，风摆杨柳般走着小碎步，略显羞涩的步入舞台。只见

---

① 旧时没有戏装的民间柳琴戏演员，为了营造小旦戏的演出效果，购置一长条形纱巾，披挂在肩臂，用来做水袖挥舞。

② “压花场”是柳琴戏的早期演出形式，指在大戏开场之前作为压压场子、让观众静下来的演出。这种演出一直持续到新中国成立初期。其中有一生一旦的对舞对唱，也有“两小”或“三小”之类的小戏表演形式。

她俏生生屈膝稳坐于长凳的另一端，腰板挺直，两只小手重叠摆放于身体的左侧，神情由羞涩转为端庄，继而表情庄重，目光平视观众。

父亲张仲怀“哈弦”[①]定调，小张金兰起腔，父亲的月琴伴奏随之定弦，张金兰自由咏诉，尾音为“言的是”或“唱的是”后拉腔，月琴紧接着起过门，“闪板”[②]起唱。

为了便于进行形体表演，小张金兰袅袅婷婷地从长条凳上站了起来，煞有介事地挥舞着“纱帔”和水袖，一边面向观众展现旦角婀娜多姿的身姿，一边用稚嫩甜美的童音开腔演唱《十八大姐九岁郎》：

十八岁大姐九岁郎，错配婚姻怨爹娘。
清早穿衣上学去，晚上脱衣抱上床。
说你是郎郎还小，说你是儿不“闲”[③]娘。
不看堂屋公婆面，抱上高山喂虎狼。
哇唵哎【四六】哎呀【八句】，
唵嗯唵嗯唵喊唵嗯【压花场】。

后场（台里）：（唵嗯唵罕唵罕唵唵……唵嗯唵唵唵嗯唵唵嗯嗯唵嗯嗯嗯唵唵唵唵嗯唵嗯）请出来（嗯）俊俏郎……俊俏郎（唵嗯唵唵嗯）。

此处【掉板】[④]，改为说唱形式：

不要你拜你偏要拜，拜得小奴不自在……
描花腕……（【调板转快】）

---

① “哈弦”原是柳琴戏形成初期艺人起唱时用的，原意是试一试演员自己吃弦高度，以便定调。

② 在柳琴戏的传统唱腔中每个句子的开头都是闪板演唱，这样的起音在听觉上非常轻巧，这是柳琴唱腔的一大特点。

③ 方言，“喊”的意思。

④ 掉板也称调板，是柳琴戏演唱的一种由快到慢的转板形式，它有两种，一种是由【快二行板】或【快板】通过小八板过门转到【慢板】或【慢二行板】。

俺的那个俏郎哥（嗯唵唵嗯咿嗨唵）……

年仅七岁的小张金兰，在此句花腔之后，有模有样地以翻高“上行大跳小七度，翻高七个音”的经典拖音收尾，其在演唱这段经典压场篇时，脆、响、清、甜的童音演唱虽然并无多少技巧，行腔却也能够委婉流畅，起伏有度。特别是最后一句婉转俏丽、上扬翻高的含腔收尾，伴随着托腔伴乐的月琴音，穿透集市琐碎嘈杂的声响，与不远处的鸟鸣、流水声应和在一起，交织成一片淳朴自然、透露着泥土芬芳的清新乐章。这宛若凤鸣鹤唳的童音，在万物萧条的隆冬季节听起来格外悦耳，令观众耳目一新，精神为之一振。

那么，在面对观众时该怎样克服紧张的情绪呢？多年以后，张先生对自己的外孙女说出了其中的秘密：“将观众当成亲人，在亲人面前表演有什么可紧张的，好与不好他们都能包容，也都能听得明白。”是的，面对喜爱自己的观众，张金兰把他们当亲人，以最好的状态去表演，去回馈观众对自己的喜爱。也可以说，张金兰向观众表演的戏中人物的情感起伏，正是其赤诚情感的真实流露。

小张金兰此次的小试身手，虽然稚气未脱，却由此获得了观众的喜爱。有观众特意给她赏钱让其买糖吃，有的则直接买了糖串送到她手中。这样的演出“犒赏”，对于三餐不继的孩子来说，是从前求之不得又梦寐以求的，她学柳琴戏的劲头更足了，表演也更加轻松自如。

这时候，民间柳琴戏艺人还没有正式的演出服和定妆。张金兰演小旦时，为了增加效果，除了“纱帔”做戏服外，还会利用花色手帕扎头做头饰华彩，腰间围系彩带做戏服裙摆等。基本没有身段表演，就连演武打戏，也没有什么讲究。一般女的用木质的大刀，男的挥舞木质的长枪，来来回回做做样子比划几个回合，就算是武场戏里的对打演出了。此时的唱腔也多以念白为主，从唱腔到伴奏，皆处于原生态的状态，相对来说都比较简单，并无多少技巧。

事实上，柳琴戏最初的唱腔，本就是当地农民以日常语言的语调和特定情绪语言为雏形衍化而来的，唱词皆为乡音俚语。这样充满了乡土气息的原生态表演对嗓音条件极佳、资质超群又土生土长的小张金兰来说驾轻就熟，父亲稍加调教，她就能很快地领悟并运用自如。

这一阶段，民间柳琴戏多数是像张金兰父女一样，还处于穷苦艺人卖唱求生的状态，这种带有家庭性质的民间小戏班，以家庭血缘关系传承的方式进行发展传承着。在传承发展中，拉魂腔的唱腔及伴奏也都不断完善和突破，这一地方小戏在民间流传开来，成为那个时代的一种时尚，成为鲁南苏北地区百姓日常生活必不可少的娱乐。

加入业余班社　流动演出

张金兰回忆："那个时候，我已经能在戏班里面担任角色了，在小戏《打干棒》里面演过张四姐，一条凳子，一张桌子，手里再拿一支云帚，就能演腾云驾雾了。这类的小戏唱不多，怪热闹，老百姓都喜欢看，也好看……"[①]

20 世纪 30 年代中后期，随着民间柳琴戏艺人的增多和老百姓欣赏水平的不断提高，民间柳琴戏艺人为了更好地吸引观众，开始三五成群，结伴凑伙地搭班演出。班社成员多为家庭血缘关系，一般由几家凑在一起搭班子唱戏。这种柳琴戏艺人自由搭班组合的形式在民间延续了几十年，直至中华人民共和国成立之前，柳琴戏表演仍以这一类班社为主。他们对表演服装、伴奏、场地、剧目等无特别要求，演员也基本都是像张金兰父女一样，没有土地或者土地很少、不足以养生的贫苦农民。他们在农闲期间

---

① 作者采访记录。

搭伙组班，拖家带口，以演唱代替乞讨；走街串巷、赶集安场，讨生活。这种演出形式，艺人们叫“抹帽子戏”“盘凳子”或“跑坡”。

“盘凳子”“跑坡”的演出时间多在秋收后、麦收前，约半年左右的这段时间里。虽然这一形式的柳琴戏演出收入并不高，却是农民在清贫寡淡的日子里，既可娱乐大众又能换来温饱的绝佳途径。这对身处偏远地区、生活朝不保夕的老百姓来说就具有了很大的诱惑力。于是，在精神与物质双重诱惑力的带动下，更多的农民加入柳琴戏演出的行列中。到了张仲怀这一代，三捷庄这个只有几十户人家、三百来口人的小村落中，竟有七八户、几十个人学唱起了柳琴戏。

他们在农闲时期由一两个人挑头、五六个人参与地组成柳琴戏业余演出班社，走街串巷，到村子周边巡演。一般由两三家凑在一起，以能演会唱的柳琴戏艺人为主力军，他们一人饰多角，上场是演员，下场是乐手。班社内不能唱戏的老弱幼小则帮着烧火做饭、看戏房。这就是老艺人们常说的“七忙八不忙，九人看戏房，十人成大班”。对此，《郯城文史集萃》中曾有记载：

> 民国初年，郯城县沙墩村的张秀荣、张秀起、杨二群等人组织的班子一度发展到20多人，这是临沂地区首先发展的最大班社。民国二十年（1931）郯城县著名艺人梁学会，曾带一小型‘拉魂腔’班10人到上海演出近一年时间，受到当地人民的欢迎。[1]

1936年，8岁的张金兰随着父亲张仲怀加入了本村的柳琴戏业余班社。

那个时候，“抹帽子戏”已被淘汰，演出时基本上是一个演员扮演一个角色，偶尔有一赶二、一赶三的现象，也都是戏中的次要角色。如卸了

① 中国人民政治协商会议临沂市委员会：《郯城文史集粹》，山东人民出版社1997年版，第174页。

“小旦”的妆，换上兵卒的衣服可继续在同一场戏中做配角。早期民间柳琴戏尚属草根戏，人员组合较为随意，演出一般也都以唱为主，对于表演并不太重视，业余班社也还没有正规的演出戏服，旦角只在长袍的袖子上缝条长长的水袖，随演员在表演的时候即兴发挥，班社对此并无定规。

在张金兰的记忆中，忙碌的秋收之后，父亲与业余班社的同事们便活跃起来。他们先是走家串巷地组织人员，接着收拾好演出的行头，找来木质的单轮板车做托运演出“行头”的运输工具。艺人们脚挪步量地从郯城周边的马头、红花埠、李家庄、重坊，再到新沂、东海等地方占场卖艺。晨出晚归、风餐露宿，赶集搭场期间每天要赶几十里路，所历经的辛劳艰苦，不身处其中根本无法体会。

早年在农村，人丁单薄的农户是受人歧视的，身为独生女儿的张金兰在这种环境中，自小就养成了倔强好强的性格，为了唱好柳琴戏，也为了让日子过得殷实，这位年仅八岁的小姑娘，起早贪黑地跟随父亲四处奔波演出，从不喊苦叫累。

张仲怀始终很注重对女儿的培养，无时无刻地给小张金兰灌输着柳琴戏的表演技巧。在走街串巷的演出行程中，他不但循序渐进地将自己所学的柳琴戏剧目和在独立演出时积攒的经验技巧，毫无保留地教习给女儿，还经常带着女儿遍寻当地的柳琴戏表演名家，登门求教。为了让小张金兰能感情投入地进行演出，每次说戏的过程中，他都以丰富的想象力将传统剧目故事说得精彩生动，以此来引导女儿入戏。这样的教习，不但为正处在思维拓展期的张金兰打开了想象之门，也让其在以后的演出中，有了入戏快、情感爆发力强的表演特点。

因为喜爱柳琴戏又兼天资聪慧，再加上天生的一副好嗓子，小张金兰在父亲悉心培养下，柳琴戏表演技艺突飞猛进。十岁左右的时候，就已经能在班社演“压场花”“娃娃生”和“垫戏”了。

柳琴戏的压花场有“四六八句”的说法。“压花场”开始前，作为小花旦，张金兰衣着鲜亮地随着音乐节奏舞蹈上场，做出不同身段，走出各种不同步法，唱“八句子”。然后以“八句子”引出下面的角色，再与之共同起舞、对唱、表演。这一阶段的“压花场”已经开始细化，分为“单压”和“双压”①，这样的演出形式与东北“二人转”的表演模式有异曲同工之妙。与此同时，表演中形成了很多动作程式，无论是“整鬓”“拔鞋”“顿袖”“提领”“懒婆娘颠簸箕”“门外窝”“蛇脱壳”“鸭子和泥”“白鹅亮翅”“凤凰单展翅”“凤凰双展翅”等难度较高、形象生动的舞蹈展示动作，还是行船、推车、骑马、骑驴、抬轿等日常动作，小张金兰都可以在父亲的指点下，按照既定的程式规范熟练地表演下来，她开始不再单纯地演出“压花场”，而逐渐在《龙凤面》《五反》《樊梨花点兵》《小姑贤》等传统小戏中扮演角色。

这一时期，根据民间柳琴戏艺人约定俗成的规矩，演员们要先表演一段剧目后，方可拿着家伙什儿去观众席中齐物、敛钱。观众先消费后付款，付费方式又带着很大的随意性，演员只有演绎出让观众看了不忍心不付款的精彩剧目，才能保障自己的演出收益。被动的同时，亦“逼迫”着求生存、求市场的演员们必须要拿出过硬的本领，最好是能一亮嗓就能拉住观众的“魂”，让之听了舍不得离开、听完了又不忍心不给钱。可以说，当时柳琴戏艺人的生存规则直接取决于艺人表演的精彩性，只有让老百姓喜爱观看始于民间、兴于乡野的柳琴戏，才是保证其发展壮大的唯一途径。于是，为了创建更广阔的市场，也为了保留住现有的市场，活跃在民间大舞台上的张仲怀、张金兰父女等柳琴戏表演艺人们在走街串巷的表演过程中，为了吸引百姓的观演，始终不断地钻研和完善柳琴戏表演技艺。

他们顺应民俗、民情、民风，不断地吸收融入地域文化的精华。他们表演的柳琴戏剧目里面，从帝王将相到小姐丫鬟，从唱词、动作到曲调

---

① “单压”是一生一旦，“双压”是一生两旦，“双压”比“单压”的形式更活泼，舞蹈性更强，也更具有民间歌舞的风貌。

韵味，都无不透出浓浓的乡土气息。他们所表演和展现的，活脱脱就是老百姓自己的生活画面，戏中充数着质朴、简单、热烈的乡村气息。即便是在演绎腾云驾雾、不食人间烟火的神仙时，柳琴戏艺人亦可巧妙地利用一桌、一椅、一条扁担，一支云帚，充满了想象力地呈现出腾云驾雾、翻涧越壑等一系列的惊险高难动作。而演唱道白方面，本土演员会自然而然地插入方言俚语，以乡间百姓调笑玩闹的方式，插科打诨，让演出变得风趣无比。

1939 年初冬，枯草如绒毯，色彩柔地铺展于延绵不绝的田野山坡，温暖的金黄调将黑褐色的村庄映衬得充满了轻松与闲适的味道。经过了忙碌的秋收之后，难得清闲的农民聚集村头的草台前，一脸期盼地等候着观赏一场柳琴戏。水泄不通的“舞台”上，身段窈窕、眉眼活络的小张金兰悠然变身为聪明伶俐、俊俏顽皮的玉帝之女张四姐[①]，手持云帚，腾云驾雾下凡而来。戏中聪明伶俐、超凡脱俗的小仙女，在乡音浓郁的柳琴戏中少了几分“不食人间烟火”的缥缈，多了几分邻家小妹的亲切。那脱口而出的俗语方言，令其返璞归真地成了最接地气的“土味神仙”。

当演到崔子成被刻意装成妖怪的张四姐吓得肝胆欲裂时，张金兰忽然语气轻松地冒出一句方言土语：“不吃你啦，白[②]害怕啦，我和恁[③]拉呱。我问恁有媳妇么？”此时，诙谐幽默、满口土腔的小仙女彻底把观众逗乐了，在场的每一位观众都不由自主地随着她“咯咯咯”的笑声大笑起来。接下来，张金兰活灵活现的演出将观众带入了戏中，且看她时而软语娇羞、时而怒目圆睁；时而“腾云驾雾”、时而“攀高越壑”。在青山碧水之间眉目流转、巧笑嫣然地同打干棒的崔子成插科打诨、斗智斗勇，最后

---

① 柳琴戏传统剧目《打干棒》里的主要人物，讲述的是玉帝之女下凡游玩，偶遇青年樵夫崔子成，顿生爱慕。遂变一村姑与崔子成搭讪。崔子成怀疑其是山中妖怪，心生恐惧。后来几经曲折，终被张四姐真情打动。两人消除误解，结为夫妻。

② 方言，意同“别”“不要”。

③ 方言，意同“你”。

以俏丽的花腔，唱出了“不爱富不嫌贫，要个顺心合意的俏郎君”的中心主题，将整场戏推向了高潮：

四姐张口把话（哎）答，
崔郎不知听根芽。
你登高把柴打（哇），
我在家织布纺棉花（哪）。
将它拿到长街卖，
米面油盐带回家。
米面买到寒窑内，
夫妻双双孝咱（俺）孝咱妈（俺）孝咱妈（俺哎俺），
孝咱妈（嗯）。

充满了青春气息的少女张金兰，以本色出演了不食人间烟火的仙女张四姐，她用眉眼间的活络表情和夸张的肢体语言，将张四姐的“精灵俏皮”惟妙惟肖地刻画了出来，而直爽幽默的方言对白和响脆流畅的柳琴腔韵，则将女主人公未染世俗的清纯自然和不受规矩约束的自由洒脱，刻画得恰到好处。

如梭的时光以闪回的方式聚焦在 2016 年早春的一个周末。满头银发、精神矍铄的张金兰先生端坐于客厅，沐浴着透窗而入的阳光，倾情回忆起 1939 年的那场传统小戏《打干棒》的演出过程。

老先生介绍说,《打干棒》这一类的小戏在民间很受百姓的喜爱，特别是张四姐和崔子成你来我往的斗嘴说笑，更是戏迷观众们喜闻乐见的表演形式。据记载，此类诙谐风趣以表现婚姻、爱情生活为主题的传统小戏，在民间数量相当可观，仅在《山东地方戏曲传统剧目汇编》所收入的柳琴戏传统剧目中，就占了剧目总数的三分之一。

众所周知，柳琴戏是起源于贫苦农民乞讨生活的沿门卖唱，存活于农村与城镇的市井生活之间。因此，直接提炼于百姓生活的小戏，可以用短小精练、随意放松的形式，准确表达出老百姓的喜怒哀乐。通常，此类小戏篇幅较短、情节相对简单，既能贴近生活，以原生态的艺术形态展现老百姓的生活方式与精神追求，又可不受外在条件的制约，随时随地地进行演出。这一特性，在柳琴戏发展的民间阶段显得尤为重要。可以说，贴近民生是柳琴戏的最大亮点与特点，其从唱腔艺术到剧目，无不与百姓生活紧密相连。另外，故事情节大多为借古喻今、借事说理、寓教于乐的内容，老百姓在观赏这些剧目的过程中，既可自然轻松地听、赏乡音浓郁的唱腔声韵，又能通过剧情故事悟出为人处世的道理与美好的人生追求，从而获得思想和精神层面上的满足。这样的双重寄托，让老百姓对柳琴戏有了百看不厌、百听不烦的戏曲情结。

我们知道，老百姓的喜爱是支撑起柳琴戏发展的主干力量，延续和拓展这种力量就是延续戏曲的生命力。实际上，依附于柳琴戏生存的民间艺人从未停止过在表演模式、唱腔唱调等方面的吸收、融合与创新。张金兰所在的民间柳琴戏业余班社，演员们基本都是来自三捷庄的乡亲，识字的很少，所以，为了丰富班社的演出剧目，增加与其他民间柳琴戏班社的竞争力，他们会在演出过程中自发地互相传授各自学唱的、较为出色的柳琴戏剧目、山歌小调，或者交流经典唱段的表演心得等。童年至少年时期正是开发潜能、塑造性格的黄金时段，民间柳琴戏班社内艺人们那种渴望提升、积极交流、共同促进的大环境，无形之中开发了张金兰的潜能，塑造了她善于学习、善于思考、善于分析、善于整合的性格特点。也正是班社艺人之间这种良好的学习交流氛围，使小张金兰有了充足的进步空间。她通过听、看、模仿等多种方式，广采博取地将大量的传统柳琴戏剧目的唱腔唱段、曲调优美的民间小调牢记于心。

纵观中国戏曲艺术的兴衰起伏和声腔更迭嬗变，都有一个相对稳定的规律。即某种戏曲声腔兴起之时，一般初始阶段都是以当地的民歌、小调为基础，并且流布于乡村集镇，再经过一个或长或短的时期后，随着该剧种唱腔不断吸收、完善、发展、进步，最后以一个戏曲种类的形式呈现在戏曲舞台。

柳琴戏自产生到20世纪40年代末期，这一阶段是该剧种民间艺人自由卖唱行艺，相互切磋学习、完善唱腔的时期。正如张仲怀、张金兰父女所在的三捷庄柳琴戏业余班社一样，各地柳琴戏艺人为了生存，四处行艺，到处寻求表演市场。特别是30年代末期至40年代中期，因为连年战乱，很多柳琴戏艺人干脆带着班社走出乡村，去城市寻求发展。

这期间，为了增加柳琴戏班社同城市内京剧等大剧种的竞争能力，各戏班的从艺者倾尽心思，采取多种多样的方式、方法拓展演出市场，以期获得更多的观众，从而增加收入，以解决戏班艺人们的生活需求。这种良性竞争，不仅在客观上推动了柳琴戏与各剧种的交流，更对柳琴戏唱腔完善等自身发展起到了至关重要的推动作用。

> 临沂地区，被柳琴戏艺人奉为祖师的武大、武二，又称武大周姑子、武二周姑子。原籍沂州，早年经常演唱【肘鼓子调】[①]，早在道光末年（1850年）或咸丰初年（1851年），他们就到滕州县东关行艺演唱，并收徒传艺。后来在临沂、滕县各地，许多艺人结伴而行，沿街串乡演唱，民间称之为“唱门子”或“跑坡”。他们起先演唱的都是小段子，逐渐形成“篇子”及小戏《双拐》《小书房》等，进而发展成“对子戏”和“抹帽子戏”，如《七装》《跑窑》《拦马》《劝嫁》等。[②]

---

① “肘鼓子”即“周姑子”，据称过去农村妇女做活时，经常哼唱当地流行的民歌，后来有个姓周的尼姑，集其大成，丰富发展了原有的唱腔，使其逐步流传各地。于是，当地群众便称它为“周姑子戏”。

② 中国戏曲志编辑委员会:《中国戏曲志・山东卷》，中国ISBN中心1994年版，第101—102页。

民国初年，临沂的柳琴戏班社已发展到二十余个，他们通过“走出去”的形式，在不断的行艺演出实践中，将柳琴戏唱腔逐渐完善，并在原有基本调基础上，丰富板式，增加了【大起板】【慢板】【二行板】【吞板】【快板】【散板】等。与此同时，班社内的经济收入也日渐增多，生活得到了改善。

如郯城县沙墩村张秀荣、张秀起兄弟班，邹县、滕县的孔庆和班、孙殿文班、华继云班、卜端品班等。其中以滕县的卜端品班最为活跃，经常活动在滕县、峄县、枣庄、邹县、泗水、泰安、济南、徐州等鲁南苏北等地。到民国十四年（1925 年），临沂的拉魂腔艺人杨顺宏、冯士选等人远赴安徽省蚌埠演唱；次年，又有倪步宽、冯开元等人到徐州行艺。民国二十一年（1932 年），梁学惠、王凤臣、张中怀等，应上海市山东会馆会长王兰兴的邀请，还远足上海演出。这些艺人外出行艺，不仅促使了拉魂腔的广泛传播，使其影响越来越大，而且演出市场的扩大，必然给拉魂腔艺人带来丰厚的报酬。[①]

这一时期，苏北、安徽地区的柳琴戏也逐渐形成规模，进一步带动了柳琴戏社团模式的创新和发展。

苏北睢宁县的拉魂腔张树礼班，在班主张树礼（1951—？）的带领下，曾到山东济南、枣庄，安徽宿县、泗县，江苏泗阳、李集等地巡演行艺，很受欢迎。据说，张树礼家有田地百余亩，生活富足。他在同治十年（1871 年），遇铜山三堡董四拉魂腔班在官路口唱戏时，受

① 中国戏曲志编辑委员会：《中国戏曲志·山东卷》，中国 ISBN 中心 1994 年版，第 103 页。

> 到演戏的感染，遂拜董四为师学唱拉魂腔。他的从艺虽遭其父的反对，但他却义无反顾，坚持学戏，并自任班主领班演出，还培养儿子张四珍，侄儿张宝俊跟班学戏。后来其子张四珍技艺超群，还自组四珍戏班，全班八人。[①]

安徽的泗州戏，1952年之前亦被称为“拉魂腔”，它与江苏、山东、河南的柳琴戏、江苏的淮海戏存在着一定的血缘关系。作为拉魂腔的一个分支，据说，也是从“唱门子”到“跑坡”，还有的艺人，拖家带眷组成小班子，除了跑坡外，还为庙会主唱会曲，赌场主唱赌戏，为地主豪绅家办喜事唱堂戏；有时也为农民请神送鬼唱愿戏。民国九年（1920年）之后，有些装备有单行头和衣箱的班社，除在农村演出外，也流动到城镇行艺。

> 如民国二十年（1931年），大毛班由徐步俊率领到蚌埠演出，但仍以唱地摊子为主，有时也在茶棚内土台子上演唱。茶客就是看客，每唱一段或一出戏，便向茶客收听戏钱。此时，柳琴戏艺人为适应城市观赏的需求，不断丰富演出剧目，如老头（系行当的代称）看家戏有《断双钉》《小欺天》等；二头看家戏有《点兵》《大花园》等；小头看家戏有《四平》《鲜花》等。[②]

由此可知，在皖北、苏北一带，柳琴戏的演出市场已由“唱门子”“跑坡”及庙会、堂会、地摊子逐渐扩大到了茶棚土台子及城镇剧场舞台。随着演出市场的多样化，柳琴戏的唱腔、伴奏、表演技艺亦得到丰富提高。

---

① 江苏戏曲志编辑委员会：《江苏戏曲志·柳琴戏志》，江苏文艺出版社2004年版，第430—431页。

② 中国戏曲志编辑委员会：《中国戏曲志·安徽卷》，中国ISBN中心1993年版，第105页。

如男声唱腔吸收了淮北地区的赶车号子，女声唱腔则吸收淮北的民歌小调。伴奏在柳叶琴基础上，还增加了笛子、胡琴、唢呐等，武场则吸收了京剧的锣鼓。行当也逐渐从小生、小旦、小丑，发展为拥有大生（须生）、老头（老旦）、二头（青衣）、小头（花旦）、跟娘旦（乳旦）、毛腿子（花脸）、奸白脸、丑等近十种行当。[①]

柳琴戏艺人们表演技艺在提高，乡村柳琴戏业余班社在民间受欢迎的程度也在递增。柳琴戏就如同一块被农民开垦出来的荒地，经一代代柳琴戏艺人们的共同努力，不断被丰富完善着。俗话说“没有规矩不成方圆”，柳琴戏的内部管理机制也正是在班社壮大的前提下，逐步确定、完善起来，慢慢地形成了一些约定俗成的管理制度。

张金兰先生回忆说，民间柳琴戏业余戏班每到年关演完最后一场戏时，班社负责人会仔细地将演出行头整理好装箱，再恭恭敬敬地将一个被称为“箱主”的一尺长左右的布娃娃脸朝下放入箱中，最后才落锁封存。等开年演出第一场戏时，班社负责人再将“箱主”从箱子里“请”出来，供放在箱子盖上，然后带领班社的全体艺人上香、放鞭炮，磕头行礼，毕恭毕敬地拜“箱主”，求“箱主”保佑戏班能在新的一年内演好戏，别演砸了。

柳琴戏班社内的“箱主”亦被称为“大师兄”，京剧行当内叫作“喜神”。它原本是在舞台上饰演小婴儿的布娃娃，别看不起眼，在戏班子里却是个受尊崇的“人物”。梨园规矩多，其中之一就是：“喜神”一到后台就得将其脸朝下放置，不得仰面。因为传说中，若是将“喜神”面朝上放置于大衣箱上，这个带有神秘色彩的布娃娃将会突然不翼而飞，于是就成了后台的一个禁忌。然而为什么奉敬“喜神”呢，有三种不同说法，一

① 中国戏曲志编辑委员会：《中国戏曲志·安徽卷》，中国 ISBN 中心 1993 年版，第 106 页。

是，传统戏班多以演堂会戏为谋生主路，而堂会多因生日满月等喜庆事，与孩子有关，为此，戏班中就把预示着能带来财运的布娃娃被称之为“喜神”；二是，过去有人学戏，苦学无果，后因梦中有幼童前来施教，顿悟，于是便尊小孩为“喜神”。传说三则比较苦情，讲的是唐明皇的太子，某日在大衣箱上安睡，突然莫名死去，于是被封为“大师哥”，成了“喜神”。这之后，戏园为表示对“大师哥”的尊重，避免与其同名，各戏班的最大徒弟，皆称大师兄，不能称为大师哥。

民国时期，唐友诗曾在《平剧二百年》中对戏班管理方面的规则和戏班演戏的有关习俗问题进行了梳理记载，其中“戏班规则”第十九条规定：财神，加官各脸，不准朝天摆，已在手中，禁止发言。北京“富连成科班”的《梨园规约》中也有类似规定，其中最忌：“后台不得坐箱口，大衣箱上不准睡觉。箱案[①]不得坐人。……加官、财神、喜神，各脸不得仰面”[②]等。这些记载，无不证实了“箱主”“大师哥”“喜神”在戏班中的重要性。

因为性格谦和，学戏刻苦，张金兰似乎“幸运”地得到了“大师哥”的庇佑，声音清脆的小张金兰总能一亮嗓就能抓住乡亲们的注意力，且从未在舞台演唱中“倒嗓”[③]，无论高腔低调，皆可游刃有余地圆满完成。舞台下的她，又以乖巧的性格、聪颖好学的态度，得到了班社内前辈们的疼爱。父亲张仲怀更是望女成凤，只要在演出过程中，听说哪位艺人演唱得好、有特点，就会不辞劳苦的带领女儿登门求教。在老艺人们的悉心指点下，张金兰广览博采，潜心学、用心听。她先将唱词、唱调死记硬背下来，再在闲暇时细心揣摩、反复练习，遇到不好把握的唱腔唱段，她虚心地向同班社的老艺人反复求教，直到自己学会为止。如果说，八岁之前

① 在箱子上另放一个案子称箱案。

② 陈庚：《民国北京戏剧市场研究（1912—1937）》，武汉大学 2011 年硕士论文。

③ 倒嗓，唱坏了嗓子。

的小张金兰在父亲的诱导下，是将柳琴戏表演作为一种兴趣爱好来喜欢的话，那么经过此一阶段的锻炼，她已经将柳琴戏表演当作了一项谋生的职业去深造。此时小张金兰已经明白，只有不断提高表演技艺、完善自身，才能获得更多观众的认可，才能让柳琴戏表演真正起到“安身立命”的作用。在民间演出的历程中，她不但用心模仿前辈艺人们特色各异的唱腔，还逐渐掌握了支撑柳琴戏剧目表演的大量“篇子”，并不断将所学到的表演技艺融进所扮演的角色中，力求将剧中人物刻画得更加生动传神。

随着角色定位的转换和演出技艺的日趋娴熟，小张金兰开始由垫角过渡到配角表演，在班社的地位也开始慢慢提高。

绝处求生赴徐州

张金兰回忆："我从前就唱个压场篇，唱个小角色，就在龙海道两头，郯城周围，在农村安个大场子，弄个大板子就唱了，女的穿个大褂子，头上扎个彩球就怪好。有时候能唱到新沂、东海，19 岁俺父亲去世后就到了徐州唱，解放后回的临沂。"[①]

1938 年起，国内时局动荡不安，饱受战乱之苦的老百姓身心俱疲。一直游走于民间，见缝插针进行演出的民间柳琴戏业余班社，就像乌云蔽日下透出来的一缕阳光，让愁眉不展的老百姓们感受到了一丝光亮与温暖。整天处于紧张、不安、疲惫中的乡亲们，若听闻街巷内有柳琴戏开演，便会飞快循声跑去听戏，当听到远处有枪炮声时，便再飞快地四散回家。百姓听戏如此，班社柳琴戏表演亦是如此。然而，这段艰难而危险的岁月，却并未影响到少女张金兰的健康成长。

---

① 作者采访记录。

“娉娉袅袅十三余，豆蔻梢头二月初”，转眼，小张金兰步入了豆蔻年华，此时逐渐丰富起来的情感犹如微雨润碧湖，懵懂萌动、敏锐美好。自幼随父奔波演出的经历与战乱期间演出的坎坷，让张金兰比同龄人更多地目睹了乡间百姓的喜乐哀愁、民风习俗。而自幼养成的细致入微的观察习惯，让其不但对流行于民巷田间的山歌小调倍加留意，就连乡亲们带有浓郁地方特色的口头禅，聊天时惯常用到的语尾助词、叹词、衬词都能够了然于胸。这种无处不在的乡音、乡情的渗透，让张金兰日后对舞台角色的情感分寸的把握与理解上有了更强的驾驭能力。

演出技艺日渐娴熟的张金兰开始与班社内的成熟演员一起搭班唱主角。虽然在唱腔、唱调、唱词方面还只是单纯地效仿和沿袭着前辈柳琴戏艺人的表演模式，但因其口齿伶俐、嗓音独特，演唱时节奏感强、吐字清晰、情感饱满，小小年纪竟也能达到字字撩魂、句句动人的效果。郯城周围的观众开始记住这位“质纯音美”的豆蔻少女，皆知三捷庄柳琴戏班社内有位唱小旦的小姑娘名叫张金兰。

两年多赶集安场、灵活机动的舞台历练，十五六岁的张金兰已经能将时下传唱的《张郎与丁香》《打锅盖》《潼台》《八郎探母》《秦香莲》《宝莲灯》《龙凤面》《状元打更》《红鬃烈马》等多出传统剧目了然于胸，并熟练演唱。

此一时期，随着民间柳琴戏业余班社演出范围的不断扩大，各地班社在演出过程中碰撞交流的机会随之增多。班社在竞争的过程中，相互学习借鉴、取长补短，使柳琴戏演出技能获得极大提升。这意味着在民间柳琴戏演出的精彩程度不断提高，而精彩的剧目与演唱繁衍出了越来越多的“戏迷”。有些“戏迷”为了听戏，会跟着戏班走。这就是民间所传说的“被拉魂腔拉走了魂”，当然也从侧面印证了老百姓对这一地方戏的迷恋程度。而赢得“戏迷”追随的班社内较为知名的艺人，不但是“戏迷”们追寻的对象，也是同行艺人们学习模仿的榜样。所以每当在走街串巷的演出过程中遇到其他班社，在戏班领头人相互打招呼寒暄时，艺人们则趁机聚集到舞台下，观看“戏迷”们所追随的艺人的演出。

有一次，张金兰到江苏省邳州市官湖镇平墩村演出时，巧遇在同一地方演出的季良奎柳琴戏班社。该班社内有个长眉入鬓的半大小伙子闻听张金兰在此演出，便悄悄挤进了看戏的人群中。他入神地望着台上的张金兰，瞬间被这位扮相俊美、嗓音甜脆的少女所惊艳。自此之后，“张金兰”这三个字便刻在了这位名叫邵瑞武①的少年心中。

1944年，张金兰已经开始在班社内挑大梁演主角，演出收入也随之水涨船高，在班社收益分账时，已经能拿到整股账②了。这样的收入分配模式在《山东省文化艺术志资料汇编（第二十一辑）》中有类似记载：“与戏曲行常见的分配方式一样，卜家班也是根据演员在班社中所能担当的角色分量折算成股份比例，按股分配。具体说来：卜家班的经营方式主要是停戏敛钱，在收入中除去一切开支（包括伙食费，吃大锅饭）按股账分配。一股十厘，顶角的可拿整股，不能顶角的可拿七厘，五厘……分配由班主和主要演员评议。”③

演出一天，可以分到一块钱，这在当时算是不菲的收入了。

柳琴戏在长期的封建社会里，从萌芽、形成，到不断发展成熟，与演出市场的日益扩大不无关系。而演出市场的拓展与扩大，与张仲怀、张金兰父女等老一辈民间柳琴戏艺人们有直接关系。是他们在这种四处奔波的行艺过程中，加大了柳琴戏的传播覆盖面，促进了戏曲艺术的不断提高，这种提高反过来又推动市场的活力。

---

① 邵瑞武（1928—2000年），柳琴戏知名艺人。1928年出生在江苏邳县官湖，是江苏省邳州市官湖镇平墩村人。16岁拜柳琴戏老艺人冯士选为师学艺。后在鲁南苏北接壤地区搭班流动演出，先是学唱旦角，后改为小生。

② 当时，业余戏班里分头股账、半股账，最高收入是一股账；水平一般的拿半股账，学徒拿二厘，能够拿整股账标志一个演员出师成名了，也就可以到别的班社去挑大梁演出了。

③ 华敬武：《滕县“拉魂腔”卜班》，载《山东省文化艺术志资料汇编》(第二十一辑)，第64页。

生活方面，虽然身处乱世，但因为有父女二人的演出收入，再加上地里多多少少还能收一些粮食，一家三口的日子勉强能达到温饱。这对当时的他们来说，已经算是平稳安然了。

怎奈世事难料，人生无常。

1947年2月，郯城县被国民党军队占领。征粮、抓夫以及各种名目的征讨让四乡八里的乡亲们如坐针毡、提心吊胆。本已困苦不堪的老百姓整日忧心忡忡、愁眉不展。巨大的精神压力让老百姓逐渐失去了赏曲听戏的精力与兴致。失去了观众，民间柳琴戏班社也就失去了演出的市场，没有收入的戏班子只能解散，演员各自归家，或者另投他处。张金兰父女也随之返回家中，继续守着薄地过生活。

就在一家人为养家糊口大伤脑筋的时候，新的灾难接踵而至。

1947年夏天，一场突发瘟疫将惊魂未定的三捷庄老百姓又卷入了一场灾难之中。瘟疫扩散得很快，很多村民在防不胜防中相继染病，得病的乡亲口吐黄水、下泻不止，直到油尽灯枯，悲惨死去。老百姓称之为“大鸭病”，也叫“白痢”。在缺医少药的年代，染上这种瘟疫就如同被判了死刑。随着村里病人的增多，死亡的村民也越来越多，有时候村里一天能抬出去好几具尸体。整个三捷庄被死亡的气息所笼罩，潜伏在患病村民身边的瘟疫幽灵，似乎随时可掳走他们的生命。一时间，三捷庄的村民谈瘟色变，人人自危，家家关门闭户。特别是到了深夜，漆黑清冷的夜色伴着揪心的嚎哭声，让每位村民心中升起无奈又悲哀的恐怖情绪。哭声落处，几声犬吠骤起，似乎草木都被牵动，瑟瑟发抖，也让沉沉的夜愈加不安宁。

正值盛年的张仲怀也不幸被卷入瘟疫的旋涡中，不久便带着对妻女的无限牵挂和愧疚，离开了人世。

那一年，张金兰不过19岁。

就像一只羽翼未丰的白天鹅，还没来得及展翅就失去了父亲的庇护。这对刚刚成年的张金兰来说，无疑是天塌地陷般的打击。可是命运已经将她推到了这道坎上，无法退缩，更无处躲藏。母女二人在乡亲们的帮助下料理完父亲的后事。守着愁云惨淡的家，张金兰陷入了迷茫，不知道该如何应对未来的日子。可偏偏“屋漏偏遭连阴雨”，乡政府征兵告示，要求每家出一位男劳力做助战劳工，家里没劳力的，则必须上缴一笔“征夫替代费”，以用来弥补部队的人员“损失”。这让张金兰家原本艰难困苦的生活更加雪上加霜，父亲的丧事已经花光了家里所有的积蓄，这笔钱对本来就风雨飘摇的家来说，实在是一项大负担。

生活陷入了前所未有的困境，本来就不足以糊口的土地，因为兵乱，收获更加微薄，而能够支撑起生活温饱的柳琴戏也因此失去了演出市场。面对着频繁催要的巨额“出夫费”，张金兰眼前发黑，她几乎看不到生活的出路在哪儿。

就在年轻的张金兰茫然无措的时候，很多像她一样遭遇生活重压的业余柳琴戏艺人纷纷转型。为了寻求更好的发展途径，他们从农村辗转进入交通便利、人口集中的徐州。当时，柳琴戏艺人们根据所处的地域，将徐州一带称为柳琴戏艺人“西乡江湖”，山东临沂一带则称为“东乡江湖”。

张金兰从本村同行的口中偶然获悉徐州的柳琴戏市场风生水起、繁荣兴茂，柳琴戏艺人在那边可以在戏园子里演出，收入不错。于是，在身无退路的情况下，张金兰决定带着母亲远赴徐州。

人生就是如此，当生活将人逼入死角的时候，求生的本能会让人奋起抗争。这种抗争是带来希望的唯一途径，也是能让日子出现柳暗花明的明智选择。

时光在此为张金兰做了一个总结。作为柳琴戏发展史上承前启后的老一辈艺术家，她见证了父亲张仲怀从事柳琴戏民间演出时所涉及的最基本的表演形式。从最初以“演出换糖吃”的柳琴戏演艺萌芽期，到民间柳琴业余班社内的担当主演，她历经了11年的民间演出磨炼后，小小年纪便以极高的柳琴戏表演艺术天赋，在郯城一带的柳琴戏演艺圈子中获得了一定的知名度，有了“东乡江湖”掌门人的称谓。

毋庸置疑，柳琴戏自诞生至壮大，以家庭为单位的乡间业余柳琴戏班社功不可没，它们是推动柳琴戏传承发展的前驱，这些搭班唱戏的民间柳琴戏艺人们在艰难的生活中抱团取暖，在讨生活的同时，博采众长，不停地将柳琴戏加以完善。也正是因为有了这些前辈艺人们的不懈努力，才有了中国戏曲史有声有色的发展足迹，才有了民间柳琴戏血脉的绵延不绝，代代流传。

这一时期的频繁演出，柳琴戏那朴实又华丽的曲调，在年轻的张金兰心中播下了热爱的“种子”。她在民间所演唱的、构成柳琴戏发展基础的“篇子”“唱段”“腔”“调”，如同春雨一般浇筑着心中那颗“热爱的种子”，使之开枝散叶，茁壮成长，最终形成了属于张金兰个人风格的柳琴戏唱腔。也可以说，正是因为有了这段黄金年华中频繁演出的功底做铺垫，张金兰才能有勇气和决心走出家乡，独赴徐州这个柳琴戏大舞台。

1947 年深秋，为了避开无力承担的“征夫替代费”，也为了躲避骇人的瘟疫，更为了发展柳琴戏演艺事业。张金兰急匆匆买了两张火车票，带着母亲风尘仆仆地赶到当时柳琴戏的集中地 —— 徐州。

第二章

成“角儿”

首演《铡美案》一炮而红

张金兰回忆：“我小时候在郯城（唱戏），后来挣不上吃的了，国民党这事那事的，兵乱，没法子，就想去人多的地方唱。19 岁那年我去了徐州。”①

徐州地处苏、鲁、豫、皖四省接壤地区，是黄河文化、齐鲁文化与荆楚文化、吴越文化的交汇地。丰厚的历史文化底蕴、便利的交通枢纽，形成了徐州厚重多彩、包容开放的地域文化特色。当时，流行于这一地区的剧种相当丰富，有柳琴戏、梆子戏、徽剧、京剧、柳子戏、花鼓戏、四平调、丁丁腔等，其中柳琴戏因为乡音浓郁、唱腔“拉魂”，在徐州地区尤为盛行。

据《柳琴戏志》介绍，民国三十五年（1946 年）至中华人民共和国成立初期，各地云集徐州地区的拉魂腔班社就有十几个班社之多，刘继

---

① 作者采访记录。

先、张承远的同义班、赵崇喜的常胜班、相瑞先的长春班、王素琴的义和班、胡安仁的义和班、孙殿文的义和班等。这些班社内聚集荟萃了不少柳琴戏发展史上名气颇响的角儿，如：相瑞先、厉仁清、王素琴、赵玉金、王素金、王平均、李敦金、姚秀云等。他们有的自己组班做班主，有的则在各戏班间流动着搭台唱戏。这些汇集了诸多名角儿的柳琴戏班社，在经过市场大浪淘沙般的优化后，分别驻足于徐州城区的同兴戏院、群乐戏院、民众戏院、和平戏院等主流表演场所，每天同时上演的柳琴戏有十几台之多。

这一时期，柳琴戏班社内部的管理机制也相对成熟，在长期演出过程中，约定俗成地形成了自己的班规和行动规范。如班社在农忙季节解散时要客气道别，到农闲季节重组后，重进班社的艺人们要相互请安；零散艺人要加入柳琴戏班社时，只要磕一个“堂中乐”就可以入班吃饭；不相识的柳琴戏艺人见了面，只要道一声“辛苦”，告知对方是同行，便能得到相应的照顾。

《荀子·劝学》中曰：“积土成山，风雨兴焉；积水成渊，蛟龙生焉。”柳琴戏班社在徐州的大批量汇集，和柳琴戏艺人之间的凝心聚力，使该地区对柳琴戏表演者的吸引力大大增强。希望发展演艺事业、或者因生活所迫寻求出路的柳琴戏艺人们，纷纷向徐州聚拢。而从各地投奔至此的柳琴戏艺人中，不乏如张金兰这般在民间经过了长久历练，有扎实的演出功底、却未经雕琢的“璞玉良才”。此时的徐州就像个柳琴戏艺人的大熔炉，对柳琴戏表演艺术的发展完善起着至关重要的催化作用，更为中华人民共和国成立之后柳琴戏的繁荣，起到了推波助澜的效果。

也正是在此时，张金兰带着母亲，一路风尘仆仆地奔赴徐州城而来，投奔到了这座柳琴戏的大熔炉中。

1947 年，19 岁的张金兰携母亲从郯城步行至新沂，再由新沂登上火车，初次来到了热闹非凡的徐州，找到当时在徐州知名度很高的柳琴戏班社“义和班”[1]。

这一时期，柳琴戏的发展已经相对成熟，被观众熟识和喜爱的“名角儿”不断涌现，但这些“角儿”有能力组班的并不多，他们多在各班社间流动演出，时间多则一两年，少则半年或几个月不等。以王素琴夫妻为班主的“义和班”属于较大的柳琴戏班社，所以在此搭班唱戏的“名角儿”不少，除了班主王素琴、王培田夫妻外，先后有孙殿文、王平均、孙景汉、相瑞先等艺人搭班演出过。这些柳琴戏表演技艺高超的名角儿，各有各的拿手绝活儿。

孙殿文，又名大才，以旦角著称，创造了旦角的连板起。曾长期在市内打地摊演唱，家喻户晓，以演《钓金龟》的老康氏等老旦戏令人倾倒。据说当年还流传着孙殿文曾经拐跑过县长太太的传说，说是孙殿文用尾音高翘的柳琴戏唱得县长太太痴迷不已，跟其私奔去了外地。这段颇为香艳的传说虽然已经无从考证，但我们亦可从当时民间流传的关于孙殿文的谚语，对其精湛舞台技艺略窥一斑。如“大中二中唱得好，不如大才（指孙殿文）三扭腰”。这“三扭腰”，无比形象地将其在舞台上灵活优美的身姿表达出来，也可从中看出观众对孙殿文柳琴戏表演艺术的由衷喜爱。而谚语中的“大中二中”也是早期比较出名的柳琴戏艺人，大中指的是岳德才；二中指马学诚。

王素琴，做戏细腻稳健，其演唱的“慢板”和“连板起”深受同行和观众赞扬，她以演连台本戏《孟丽君》中的孟丽君、《父子结拜》中的孙秀英、《王华登基》中的杨秀英驰名。

---

① “民国三十二年（1943 年）由艺人王素琴、王培田夫妻为主组建。活动于江苏的丰县、沛县、砀山，安徽的萧县、涡阳、蒙城，河南的永城一带打地摊演唱。民国三十五年，该班艺人增至三十余人，阵容齐整，行当较全，有较好的衣箱和较全的乐队，所到之处，均受欢迎。民国三十六年进入徐州永祥戏院演出。1952 年该班改名为新建剧团。1953 年 4 月经过整编，同常胜班合并，组建为徐州市柳琴一团。”摘自薛雷：《腔里拉魂第一腔：“拉魂腔”的区域文化特质考察与研究》，南京艺术学院 2008 年博士论文，第 84 页。

另外如王平均，唱做俱佳，以演出《小姑贤》的刁氏最为出色；孙景汉，绰号“孙五”，多面手，生、旦、净、丑各行均擅长，号称“全能演员”，名扬徐州八县；项瑞先，因嗓音洪亮，唱腔挺拔流畅，被观众赞誉为“铁嗓子”。

民国三十五年（1946 年），亦是张金兰加入该班社的前一年，“义和班”内的艺人已有二三十人，阵容齐整，演出设备亦趋于完善。班社内在戏箱行头方面添置了戏服、蟒靠、头盔、头面等。此外为了适应城市大舞台表演的需要，班社内的乐手和演员分工明确、各司其职。演员只负责演出，伴奏人员专职伴奏。行当从小生、小旦、小丑，细分发展到大生（须生）、老头（老旦）、二头（青衣）、小头（花旦）、跟娘旦（乳旦）、毛腿子（花脸）、奸白脸、丑等近十种；剧目伴奏方面也区分出了文武场。文场乐器主要有柳琴、三弦、二胡、笛子、小唢呐，武场有大锣、小锣、大大镲 、小梆子、镗锣等。

因为“义和班”不乏“名角儿”撑场，所到之处，均受欢迎。民国三十六年（1947 年），也就是张金兰投奔徐州的这一年，义和班进入徐州永祥戏院演出。当时该班社的演出阵容和综合实力都在当时的柳琴戏界属于层次较高的。这对于正处在柳琴戏技艺发展期的张金兰来说，既是一次难得的学习机会，又是一次新的发展机遇。

投靠班社，自身必须有过硬的演出技艺，要与班社内的“角儿”水平相当方可一起搭班唱戏。若是演出技艺与所投靠班社的“角儿”悬殊太大，则不被收留，或者只能做傍角儿（配角）、跑龙套。

此时投奔到“义和班”的张金兰，不但青春年少，在唱腔等方面亦尚未形成自己的个人特色。对于未来的发展，心思单纯的张金兰并未多做考虑。此时她想的，只不过想在人地生疏的徐州找一个落脚点。带着希望与焦灼，她和母亲在商贩、路人的指点下，几经周折找到了永祥戏院。

对张金兰早有耳闻的孙殿文，为了试探张金兰是否唱功真的如传说中

的那样好，孙殿文要求张金兰自己选唱一段柳琴戏。父亲新丧，为了生存背井离乡的张金兰回想自身的遭遇，当下也没犹豫，张口悲切切地唱了《秦香莲》中的一段戏，一声声哭腔唱得撕心裂肺。孙殿文当即应允张金兰加入“义和班”的演出。

众所周知，过去的伶人跑码头演戏，初到某地，格外重视前三天的剧目编排，他们往往会首先亮出看家本领，以期一炮打响，故而头三天演出的剧目被称为“打炮戏”。

徐州是个柳琴戏的大码头，张金兰初涉此地之前，云集于此地的民间柳琴戏班社之间的竞争已经非常激烈，班社内一大批与张金兰年龄相仿的艺人已经成“角儿”。他们用青春的智慧在柳琴戏传承的基础上，根据自身特点进行了创新与完善，以各具特色的表演吸引了大批的徐州柳琴戏新老戏迷。他们高水平的频繁演出，不但增加了徐州观众的见识，也在无形中提高了他们的欣赏水平。所以，这“头炮戏”的成功与否对于张金兰来说，是能否留在“义和班”发展的关键。

即将首次登上正规的大舞台，这样的演出不同于在乡下的业余班社，从妆容、演出服饰、伴奏、演出场所都已具备相当高的标准。乡间十一年打地摊演出的经历，让张金兰习惯了站在地面上平视观众表演。此刻面对高高的舞台，她心怀敬畏，小心翼翼地靠近，试探的脚步随着舞台的阶梯节节攀升。当走到舞台中间，朝前看的时候，视线豁然开朗，密密麻麻的观众席井然有序地排列着静候观演的戏迷们。初来乍到的陌生感和站在大舞台上的新奇感，让她心里充满了欣喜，又多少有些不安。

此次演出《铡美案》中的秦香莲，是典型的“青衣”[①]。秦香莲是悲剧女主角，里面既有“青衣旦”常规的大段唱词，另外还带有浓重的悲情色

① 中国戏曲中旦行的一种，北方剧种多称青衣，南方剧种多称正旦。因所扮演的角色常穿青色褶子而得名。扮演的一般都是端庄、严肃、正派的年轻女子，大多数是贤妻良母，或者是贞节烈女之类的人物。表演特点是以唱功为主，动作幅度较小。行动比较稳重。念韵白，唱功繁重。

彩，属于哭戏。在戏曲表演中，哭戏是难度最大、也最能体现演员唱功的。它不仅要求演员能够自如地控制气息，还要求演员能将气息和悲伤的情绪结合起来，以哭泣的声音来进行表演；若是在表演时哭得涕泪交加，不但会影响气息的调整，唱腔也会直接受到影响；但倘若不动情，则打动不了观众，达不到震撼人心的效果。所以哭戏要求表演者在演绎时既要有饱满的情绪，又要在演唱时做到情气合一，以情绪带动演唱，以情带声，以腔传情，这样才能达到从情感上感染观众，在内涵上增加表演魅力的效果。

戏曲界有句行话叫作“早扮三分光，晚扮三分慌”，戏曲表演中，旦角的化妆工序复杂、程序繁琐。从拍底色、拍腮红、定妆、涂胭脂、画眼圈、画眉毛、画嘴唇、勒头、贴片子、梳扎、插戴头面等一套儿走下来，大约要十二三步，每一步都要细心、耐心。正规的舞台、正规的妆容、正规的管理让张金兰有了原本没有的服饰和妆扮；然而正规的化妆程序对张金兰来说，却是陌生的。好在张金兰聪颖细心，经后台的演出前辈们稍加点拨示范，她便能够自己动手描画了。因为是第一次，她做得非常小心，每一步都做得细致入微。当装扮完成，看到镜中人儿凤目明眸、柳眉入鬓，整个形象于明丽端庄中透出些悲愁之色，这正是张金兰心中想要的秦香莲的扮相。一直悬在胸口的心总算平定下来，无形中更加给张金兰平添了一股自信。

1947 年深秋，徐州永祥戏院舞台上，张金兰身穿蓝黑相间的戏服，湖蓝色的汗巾包头将满月般粉白的脸庞映衬得越发楚楚动人。只见她碎步轻移，悲切切立身于舞台中央，面对台下黑压压的观众席，没有忐忑，没有不安，有的只是被民间灾荒逼入生活死角的满腹无奈和千里寻夫之后的情殇。

秦香莲（念白）：夫啊，那日在公堂之上光跪相爷，无从跪你，我夫不必如此，你看为妻我呀……（哭腔）

此唱段，自第一句哭腔中一波三颤的呜咽声，就已经将整出戏的悲情氛围渲染得十分到位，先收后放的哭腔带着无限的委屈与悲伤直捣观众的内心，只唱得观众热耳酸心，泫然欲泣。

此时张金兰已不再是那位背井离乡的郯城少女，而是带着一双儿女，背井离乡投靠夫婿陈世美的秦香莲。在了无生路后满怀希望地投靠时，却出人意料地遭遇了夫婿的无情追杀。这是怎样的一份悲凉与失落？又是怎样的一份痛心与绝望？这位内心满是伤痕的悲情女子，孤身站在萧瑟的寒风中，声声血、句句泪地对众人哭诉着自己的悲惨遭遇。

秦香莲（唱）：秦香莲我在公堂泪如雨下啊，
尊一声英哥大大状元郎。
我的夫进京前来赶考，
咱家里大旱三年也没收粮。
头一个年头遭了荒旱，
第二年被大水冲得一扫光。
第三个年头也不算好，
遍地以里出蚂蚱。
蚂蚱都长有燕子大，
都是铜头铁翅膀。
飞到屋山上吃屋草，
飞到人身上撕衣裳。
只饿得人吃人，狗吃狗，
老鼠饿得光啃墙。
万岁他一听心里害怕，
他差着包老爷陈州前去放粮。
包老爷陈州他把粮来放，

各家里门牌册子是来上上。
咱一家五口我上六口，
为妻我多上是一口粮。
人家有人去把粮去领，
英哥爹爹（啊）你没在家我去领粮（啊）。
领粮米我行走在阳关道，
半路上被拐子拐的我个一扫光。
我有心回到俺的家园去，
可怜我拿着什么去孝敬咱的娘。
为妻万般无可奈，
寻死上吊在麦松堂。
怎奈你妻我不该死，
又来了二位提牌下了乡。
他把你的妻我来救下（啊），
他带我二番回头又去领粮。
领来铜钱也够五吊整（啊），
买柴提米回到家乡。
厨房做好一顿饭（哪），
高堂孝顺咱的娘。
咱的娘年迈吃厚的（呀），
英哥爹爹（呀）咱两个孩子喝一口汤。
我打发她奶孙三个去用饭，
秦香莲舀碗凉水端一瓢糠。
咱的娘怕我吃好的，
手把窗棂奔里望。
她看我咽口糠来喝口水，

英哥爹爹（呀）我咽也咽不下去（呀），
你听听悲伤不悲伤。
咱的娘看见心里难过，
老人家三头碰死（呀）在草堂。
我的可怜的娘（啊），
咱的娘碰死草堂内……
喊三声苦命的妈妈（味），
我的可怜的娇儿啊（啊哈【哭腔】）……

此唱段，张金兰用生动的细节描述了一位弱女子在失去了依靠，又面临灾难时的无奈、无助和无望。其为了表现灾荒年间民生的凄苦，巧妙地在唱词中加入了形容灾荒年“人吃人、狗吃狗，老鼠饿得光啃墙”的民间谚语。

而对于秦香莲在家乡遭遇灾荒年景，走投无路的困境，张金兰感同身受。其也在家乡遭遇的兵乱、丧父、征兵，同样是在无处安身的状况下来到了徐州。演唱时，张金兰想起了父亲疫病身亡时自己痛彻心扉的那种感受，悲伤的情绪如潮水般涌上心头。她顺应内心的感受，自然而然地将鲁南地区妇女本色的哭腔融入唱腔。那种极度悲伤的哭泣拖腔，似乎每一声都是泣血的呜咽，每一腔都充满着肝肠寸断的情殇，特别是唱到“喊三声苦命的妈妈（味），我的可怜的娇儿啊（啊哈）”时，最后“啊哈”两声泣音，为了在边哭边唱中造成抽噎之势，张金兰采用倒吸气的手法，将悲戚之情渲染到了极致。听唱此段，任凭铁石心肠的人听了也会黯然神伤，凄然泪下。

秦香莲（唱）：咱的娘碰死草堂内，
现如今少衣无棺停着丧。
我万般到了无可奈，

我带着两个孩子进京邦。
进京邦我住在朝长店（哪），
老店家的名字叫张三阳。
店家跟我说实话，
他说你得中状元郎。
我来到黄厦御府把你认（哪），
你好狠心（哪）你把我三脚“拍”[①] 下御公堂。
为妻大街喊叫苦，
又来了相爷本姓王。
相爷他把我带到黄厦府，
黄厦御府认夫郎。
劝我夫你把我认下了吧，
老相爷做主料此无妨。
秦香莲在公堂我双膝跪下，
尊一声冬梅的爷（是）英哥的大大（呀）。
咱两家结亲眷是明媒正娶（呀），
你要是嫌我丑是怨咱爹妈（呀）。
我给你生儿女全都不假（吧？），
生英哥和冬梅两盆鲜花。
想当先你在家习文作雅，
为妻我在面前捧水端茶。
三年头进京帮你前来赶考，
高堂上辞别了咱年迈妈妈。
手扯手我送你到二门以下，
我问你得了中（是）早晚回家。

① 方言，音译，意为“踢”。

你倒说不得中早日回转，
你倒说得了中坐马还家（呀）。
我的夫到京城你把状元认下，
书没捎信没传你所为什么？
夫啊……不认我你把咱娇儿认下吧，
可怜我苦命的秦香莲自己回家。
路途上遇见井我井里去死（呀），
若是遇见河我（是）河里去扎（啊）。
我死后落一个屈死的冤鬼，
单等你官职满（是）三年回家（呀）。
叫冬梅只挎着金银纸马。
来至在十字路口双膝跪下，
烧纸钱泼琼浆我的儿（啊），
叫英哥只提着两浆水饭，
哭三声（啊）屈死的妈妈。
我的个（抽泣声）可怜的儿（啊呀）。

此唱段的前部分，为了打动负情的陈世美，张金兰以七分叙、三分求追忆两人的恩爱时光，凄婉的唱腔中既包含着对负心汉的“怨”，又隐含着对往日夫妻情分的“忆”，这种如泣如诉的诉说，深切感人。可是当诉说到十里长亭送别陈世美进京赶考的承诺与难舍，丈夫昨日的温情与今日的绝情形成了鲜明的对比，让秦香莲气从中来，为此当唱到“我的夫，到京城你把状元认下，书没捎信没传你所为什么？”这一句时，根据剧中人物情绪的起伏，由柔婉凄楚到愤懑诘责。只可怜感召和质问依旧没有打动铁石心肠的陈世美，此时绝望的秦香莲凤眼含悲，指颤心凉。万般无奈之下，这位可怜的母亲为了儿女只能压下心中的悲愤，退而再求，希望变心的夫婿能认下自己的骨肉，自己则“路途上遇见井，我井里去死呀，若是遇见河，我是河里去扎啊。”

唱到此处，唱腔中万分压抑的悲苦情绪已然让观众泫然欲泣；待到秦香莲失声哭喊出“我的儿哭三声啊……”时，似乎整场戏中这位可怜的弱女子所刻意压制的悲愤、悲凉、卑微的情绪全部挤到了出口，随着最后“啊”字的立腔爆发了出来。那是怎样一种撕心裂肺的痛楚，又是怎样一种被愤怒焚烧的呐喊。一声呐喊，充分表达出了一位弱女子对命运不公的控诉，和此时此刻万箭穿心、无力挣扎的痛楚与愤恨。张金兰将秦香莲万般无奈之下痛不可言、痛不能言的情绪表现得几近完美。

秦香莲：（速度转快）我的夫认不认你只管讲话，为什么又不言又不语亚赛哑巴，这样的负心人你把良心昧下，（情绪转为绝望后的激愤，声音陡然升高，之后随着心情的转换，又愤怒转为毅然、决然）辞别王相爷，我要去告他！

舞台上的张金兰已经将自己完完全全融进了角色里，她就是千里迢迢、满怀期待、拖儿带女、几经生死寻夫却被夫迫害的秦香莲，她的满腹委屈和百般的隐忍，终于在丈夫残忍的绝情之后转为了愤怒。为了更好地展现秦香莲爆发后的愤怒与决然，这一唱段张金兰引用了跺板数唱的方式，真可谓字字带泪，句句含血，演唱效果非常震撼。尤其唱到“这样的负心人你把良心昧下……”时，情绪由愤懑转为绝望，唱腔也陡然升高。张金兰根据情绪和唱腔的转变，眼眉高挑，目光随着挥动的左手上扬。此时唱调已经完全甩开了之前的怯懦、无助，转为毅然决然后的铿锵，她的发音也从头声到胸声迅速转换，至胸腔下部时忽然放宽，而后像咳嗽一样将气息反弹出唇外，奋然甩出了刚毅果断的一句：“我要去告他！”

此时，张金兰眼中的悲愤与绝望更甚，目光也随着声韵上扬，声音及至最后的“他”字时，像被齐刷刷切断一样，目光也随之定格。

本段表演张金兰利用腔、词、声的表达，和手、眼、眉的表演配合，将秦香莲由弱到强、奋起力争的心理渲染得分毫不差。

刚刚经历了丧父之痛的张金兰，在这场戏中，从所扮演的悲情主角秦香莲身上找到了宣泄痛苦的缺口。她根据自己的体会，时而幽怨、时而委屈、时而悲愤难平、时而又高亢激越，唱出了秦香莲的隐忍、委屈，和与命运不屈的抗争。其以字达情，以情化腔，字字清晰、声声撼人心扉唱出了感天动地的悲情，唱得满戏园的观戏人凄然泪下。特别是若断若续、直戳人心的哭腔，唱得观众沉浸其中不能自拔，直到演员谢幕，才如梦方醒地报以掌声。

张金兰之所以能将这场戏演出得感人至深，一则因她表演中融入的真情实感；另外，演唱中鲁南地区女子原生态哭泣拖音的融入也起到了功不可没的作用。哭腔是柳琴戏中极具表现力的一种腔体，多为散板，可自由发挥。这种由“特定情绪语言衍化的腔调。特定情绪语言是指旧时妇女的哭声，妇女哭声中的语言因为极度悲伤把语调拉得很开，语速放得很慢，时断时续，字字之间只能用拖音来连接，因此苏鲁地区妇女的哭声往往像唱一种大悲调似的，听上去有曲调的感觉”[①]。

多年之后，古稀之年的张金兰在接受电视台记者采访的时候，说起秦香莲》的演出心得，仍感悟颇深：“唱秦香莲，咱就根据秦香莲这一个家庭妇女，在家里很善良，奉养公婆，教育儿女哈，以后公婆不在了呢，她又剪了头发，剪了青丝，换了芦席葬了公婆，（咱）就是根据这些词句来找唱腔，很悲。唱‘喊三声苦命的妈妈（昧），我的（音：滴）可怜的娇儿啊（哭腔）……’这就（把）心里的感情拿出来了，自己也掉眼泪。”

有一次，在电视台接受采访时，年过七十岁的老先生在现场演绎这场

---

① 李爱真、刘振：《柳琴戏音乐多元化探析》，《艺术百家》2005 年第 4 期。

苦情戏，唱哭了现场的所有人。从记者到摄像、再到相关的工作人员，皆为之动容，特别是在现场进行录制的摄像师，几乎抽泣到了无法工作的程度。哪怕再次欣赏张金兰先生的表演，仍然无法不被这样感人至深的表演所打动。

“转轴拨弦三两声，未成曲调先有情。”张金兰正是以在唱腔表演中融入真情实感的方式打动了观众。因为只有将自己对情感的感悟融入戏中，先动情，才能动听；戏曲唯有动听之后方可触动观众的情感，与之产生强烈的共鸣，取得演出的震撼效果。这也是张金兰先生柳琴戏表演艺术的技巧之一，她曾无数次对学生们言说，表演时一定要将感情拿出来，要融入唱腔与角色，忘掉自己。只有在现实生活中，用心地体验饱含着人生“苦、辣、酸、甜”的各种情感，才能利用自身丰富的情感体验，对表达人物所倚重的唱腔唱调进行艺术加工或塑造，这正是戏曲和音乐表演中至关重要的一环，被称之为“润腔”。

张金兰在徐州剧场演出的《秦香莲》获得了成功，其饱含情感的，动人唱腔和精湛表演深深地打动了当地的观众，也让张金兰在徐州柳琴戏班社站稳了脚跟。可以说，是这场戏为她签发了与40年代末期柳琴戏名角儿同台演出的“签证”。

此一时期，徐州柳琴戏班社中汇集的柳琴戏名角儿中有安徽蚌埠的李宝琴、高九亭、霍桂霞、陈金凤，宿县的王宝霞、邰廾银，凤阳的张怀山、邵玉华，山东临沂的李春生，滕县的卜端品、张子彬、宋玉春、刘长春，枣庄的乔德连、周桂香等。可以说，张金兰凭借自身的唱功，能在见多识广的徐州戏迷面前赢得认可，并在名角儿云集的“义和班”站稳了脚跟，无形之中也彰显了其唱功和表演技艺的水平。

从此以后，张金兰开始随着“义和班”在各个剧场流动演出，在与各戏班的演出交集，和演员在各柳琴戏班社的流动中，她逐渐多了观摩、或与其他知名艺人合作演出的机会。这样的合作，为基本功扎实、嗓音条件优越的张金兰提供了学习和提高的平台。利于发展和提高的徐州大舞台，让原本就聪颖好学的张金兰如鱼得水，她从在唱腔中融入真情实感开始，慢慢开始了以“声”唱“情”，以“腔”表“情”的唱腔风格转变，具有“张氏”唱腔特色的个人风格开始逐步形成。

编排“上书本连台戏”

张金兰回忆：“当时，徐州什么戏都有，有京剧、有柳琴，徐州有名的唱拉魂腔的有厉仁清（小生）、相瑞先（老生）、王素琴（青衣花旦）、赵玉金（花旦）、王平均（彩旦）、姚秀云（花旦），我就跟他们一起唱的。他们是西乡江湖，我是东乡江湖。”①

20 世纪 40 年代末期，柳琴戏艺人的生活过得非常辛苦，除了名气响亮的角儿，卖唱献艺的戏曲艺人普遍收入不高。在观众多、收入好的时候，他们还勉强能维持温饱，若是碰到雨雪天气，观众少，票房收入差的时候，就连基本的生存都无法解决。有些艺人为了生存，白天去批点零食、香烟类的小东西上街贩卖，以求赚点小钱维持生活，等到夜晚来临之前，再回到戏班搭班唱戏，舞台上的光鲜富足与舞台下的贫穷困窘形成了鲜明的对比。在生存面前，张金兰不得不抛却青春少女的矜持，与同班社的艺人们

① 作者采访记录。

乘着暮色，深一脚浅一脚地跑到黄河底去偷庄稼地里青油油的麦苗。

这一时期，柳琴戏表演艺术正处于完善发展的攀高期。在苏、鲁、皖、豫四地，不知有多少像张金兰一样的民间柳琴戏艺人，他们为窘迫的生活所逼，徘徊于城市与乡村的底层，以不屈不挠的精神，坚持不懈的努力，逐步完善和提高着柳琴戏的表演技艺。这些为了自身的生存和柳琴戏的发展，奋发图强的柳琴前辈们用心血和汗水浇筑着“形成于乡野，发展在民间”的柳琴戏，逐渐枝繁叶茂地发展壮大了起来。

随着柳琴戏班社组织规模的不断发展壮大，班社内的传承方式开始由家庭血缘传承转化为关系更为广泛的师徒传承。这种传承方式的转变，使柳琴戏班社内的外来人员逐渐增多，班社内角色分工也更加明确和细致，专职演出或伴奏的人员有了更多的时间和精力来加强业务学习，艺人们表演技艺的提高无形中提升了班社的演出质量，也将柳琴戏表演推向了更高的层次。

频繁的演出和与全国各剧种的交集，让柳琴戏艺人们有了很多创新完善的机会和想法，他们在唱腔上不断吸收其他姊妹艺术表演的精华。在总结归纳后，巧妙地融入了柳琴戏唱腔中，从而形成了各具特色的唱腔风格。此时，柳琴戏从妆容扮相、表演程序、班社规矩等方面已经具备了地方戏曲剧种的基本形态，在舞蹈动作方面，艺人们也在观摩学习了其他戏曲中的身段表演后，加以提炼糅合，最终形成了该剧种别具风格的舞蹈特色。剧目方面，热闹诙谐、剧情相对简单的民间传统剧目已经无法满足城市观众的需求，为了顺应柳琴戏市场的变化，根据流行读本排演的大型连台剧目应运而生。也增加了“台柱戏”“本头戏”“幕表戏”和根据流行读本编演的“上书本连台戏”大戏等。

这些被称为“上书本连台戏”的剧目内容多以历史题材的精彩流行读本为主，有“杨家将戏”“薛家将戏”以及“包公戏”等。取材于杨家将故事的有《拦马》《白虎帐》《刺火棍》《西岐州》《闯幽州》《战渔台》《五台山》《小雀山》等。取材于薛家将的故事有《樊江关》《金家庄》。包公戏有《三跄寒桥》《铁板桥》《鲜花记》《大、小鳌山》《鱼兰记》《五里丹桥》《秦香莲》等。因为可以连续演出多场，充裕的演出时间能让故事内容得以全面铺展，人物内心的情感起伏可以尽情展现。所以，此类剧目中，人物形象的塑造刻画上较传统剧目有了很大的提升。它不但要求演员基本功扎实，演出时以饱满的情感加以投入，还需要对人物角色进行分析和把握。因为只有全面掌握剧中人物的情感走向，才能以高超的表演功底展示出戏剧人物之间的冲突，从而推动剧情的发展，使剧中的艺术形象更加丰满与生动。这样的创作要求，对刚刚从民间走出、未经过专业培训的张金兰来说，不能不说是个极大的考验。

在张金兰先生的记忆中，刚来徐州不久，自己便参与了班社内很多“上书本连台戏”的编演与演出，如观众喜闻乐见的柳琴戏大剧《回龙传》《雷宝童投亲》《五凤岭》《白玉楼》《五女兴唐计》《蜜蜂记》等。

傅谨先生曾在《草根的力量》中谈及“幕表戏”的表演程式。民间柳琴戏艺人也称“幕表戏”为“路头戏”“提纲戏”“条纲戏”。顾名思义，就是以简单提纲的剧目记录形式编排演出剧目。中华人民共和国成立之前，在一些比较正规的柳琴戏戏班内 , 演出前，班主为了提示演员，会先把即将排演的剧目提纲、即“幕表”贴在后台。内容包括戏的场次、先后出场角色、大概情节等。也就是说，因为没有剧本，班主只是把故事情节同几位主要演员讲明白，整场戏全靠演员自己编排。这与张金兰先生所回忆的在“义和班”排演“上书本连台戏”时的程序一致。班主先找出适合排演的“流行读本”，再根据上书本的故事内容和大致情节制作“幕表”，也就是故事提纲。然后根据班社内艺人的特长与表演功力，按先主后次的顺序为他们安排人物角色；在确定担纲主演的艺人之后，班主再将他们召集于后台，以口述的方式讲解“幕表”。最后，由艺人们根据“幕表”，揣摩剧情和人物情感，综合自己多年的演出经验和所掌握的“篇子”，穿插联合，排演出整场戏来。

由此可以看出，假若将柳琴戏比喻为一个人的话，提纲为骨，“篇子”就是让戏丰满生动起来的骨肉。在“上书本连台戏”的排演中，“篇子”是奠定戏中故事情节是否自然，剧情进一步发展是否流畅的关键。比如，张金兰饰演的大家闺秀去“花园赏花”时，可套用柳琴戏的“花园赏花”的篇子，只要根据剧中人物的身份性格，将“篇子”中唱词的地点、花卉名称等内容加以修改，便完成了“花园赏花”的编演。

若是民间柳琴戏艺人对戏曲的悟性不高，在编排剧目时，不管剧情的发展是否合乎人物身份，就塞进或套用传统的“篇子”。正如传统的“观花篇”即可以用在大家闺秀身上，也可用在小家碧玉身上，亦可以用在丫鬟身上。如若对唱腔唱词不加以调整、修饰便生搬硬套，那么必然会造成人物性格特点不足，导致整场戏的拖沓、松散，从而直接影响到剧情的发展和人物的刻画。“对一位走向成熟、技艺高超、颇为著名的拉魂腔艺人的评判的标准，就是看其所掌握篇子数量的多少，并且在掌握了大量的篇子的基础上，如何能娴熟、巧妙地运用好。”[1] 毋庸置疑，“篇子”融入剧目的技巧，是编排一场柳琴戏成功与否的关键。

如何在剧情中恰如其分地融入篇子，并根据人物性格调整唱腔、唱词，这对柳琴戏艺人来说，不只是对唱功的考验，更是对其综合素质的评测。可以说，柳琴戏作为地方小戏，能在民间得以传承并发展壮大，与这种编演方式有着直接的关系；这也是在同样一出戏的演出中，为什么有的演员唱起来效果平平，有的却叫好声不断的原因。或许是因为自小的启蒙和演出历练，张金兰的柳琴戏表演天赋很高，其对曲调唱腔、情感表达等内容有着超乎常人的感知。

张金兰第一次参与“义和班”排演的上书本连台戏是《刘金定下南

---

① 张铁民、赵丛月、苏桂林等编著：《柳琴戏》，山东友谊出版社 2013 年版，第 47 页。

唐》，其在剧中扮演一号旦角刘金定。这一角色不但承担着整场戏中的重要戏份，所涉及的场景也从山寨、花园到战场，跨度较大。初次面对新剧情的诸多转换和演出排练模式的较大变化，张金兰充分利用自己在民间十多年的演出经验、对基础唱段的丰富积累、以及对柳琴戏超乎常人的情感把控，不但将“篇子”自然流畅地融入剧情中，还在融入情感的把握上有了“角儿”的功底与悟性。在表演中，张金兰凭借着娴熟的唱功和高超的表演技巧，在原生态传承下来的腔调中，顺着感情的走向，巧妙地加以完善和创新，在丰富了唱腔的同时，也将女主角刘金定的情感戏演绎得生动到位。张金兰在戏中一改往日娇滴滴大家闺秀的样子，将武功高强、性格刚中带柔的巾帼女英雄刘金定刻画得生动形象，有血有肉。

舞台上，张金兰披红挂彩、神采奕奕地化身为传奇女子刘金定。这位被砸了“招夫牌”的巾帼女英雄，凤目斜挑、目光如炬，与金枪少年高君保你来我往比武定情。之后几经波折获封御妹，去病房探望生病的未婚夫婿高君保时，这位前一刻还英姿勃发的女英雄，瞬间变成了一位心情摇摆不定的怀春少女。其心里既有渴望见到心上人，又怕未拜堂的小夫妻见面被人窥见，落人口舌。张金兰利用唱腔中的声腔变化和肢体语言，将其犹豫不决、局促不安的微妙心理变化拿捏得传神到位。

辉煌的舞台灯光下，却见她盛装艳容，环佩叮当，由丫鬟宫女簇拥着款款而来。

刘金定： 磕罢了银铺头抬身就走（啊），
这两边挑纱灯一片光明。
龙凤爷封的官官职不小，
上病房去看我丈夫，
又怕小两口见面没有正行。
叫宫娥把纱灯交留给我，

（甩手）退下吧。

演到此处，“刘金定”深深叹了口气，蛾眉微蹙，长袖轻甩，悄声喝退了两侧丫鬟。之后，独自一人提着灯笼行至病房前，停住，翘首观望，侧耳倾听，其间行两步，再退半步，进退两难的心境随着委婉的唱腔展露无遗：

刘金定站在门口我仔细听……

此段唱腔中，张金兰在传统唱腔上做了调整，在最后的拖腔部分，她为了显示女主角的犹豫，先是放缓放低，再加以起伏，以小腔弯的细微转变将闺中女细腻多变的情感起伏展现；其间配合面部表情以及手势上的细微变化，无比准确地将一位欲语还羞的多情少女演绎出来。

《刘金定下南唐》的“连台”多场演出，让张金兰有了充裕的演出实践，为了更加准确和细致地反映出人物的心理变化，她尝试着在唱腔中融入能体现情感变化的花腔巧调，这种融入就如溪流入海，自然而然地发生着。

在民间业余班社的十多年的历练，已经让张金兰将柳琴戏的基础曲调与剧目了然于胸。此次演出，她开始尝试在把握柳琴戏唱腔表演整体和谐的基础上，以情感为依托，顺着情绪转换时情感的奔流，自然和谐地润色唱腔；并以张弛有度、断连得心、快慢有序的节奏做个性化处理，细化了花腔部分的虚实承转、高低起伏，以此展现女主角刘金定的细微情绪变化，给听众以回味无穷的遐想空间。张金兰在“上书本连台戏”的编排演出时，以“加强语气和唱腔的动感，达到丰富剧中人物情感的作用”，这些小腔弯儿的处理尽管有些微不足道，却使剧中女主人公的细腻情感变化得到了充分的体现，也让张金兰在柳琴戏艺术表演的创新完善方面达到了一个新的高度。事实上，对于柳琴戏表演艺术来说，唱腔是整个剧种的灵魂之所在，若将柳琴戏在传承中加以创新，必须抓住能表现出柳琴戏特点的关键之所在——腔调曲韵。这位没受过戏曲专业教育的年轻艺人，非常敏锐地抓住了完善与创新的关键点，在唱腔上下足了功夫。

当柳琴戏还在说唱阶段时，表演不多，专靠唱腔取胜。而且在传统的柳琴戏中，唱腔大多是不定型的，艺人只是在保持旋律骨架的基础上，在骨干音上自由地加入大量装饰音、滑音，或通过增减腔节[①]加以润色，以丰富唱腔。柳琴戏的唱腔是单一的有板无眼形式，也就是只有强拍没有弱拍的节奏。每一拍都是强拍的节奏形式，保障了演员只要不掉板，就可以在任意地方起唱，而不必受到板眼强弱规律的局限。再有，柳琴戏的演唱绝大部分不是顶板起唱，而是通过板后起、板上落，或者连续切分的形式实现后半拍起唱的，从而构成了柳琴戏"闪板"起唱的鲜明特点。这种"闪板"的时间，严格意义上讲并不构成半拍时值，而要由演员内心把握，艺人们称之为"巧唱"。

相同的板式和唱词，技艺成熟的艺人能够演绎出不同的演唱方式。这种唱腔被柳琴戏内行称之为"怡心调"，但这种心旷神怡，随心所欲的发挥和演唱是有技巧和规律的。

张金兰利用自己多年在民间演出中所积累的民间音乐之精华，和在柳琴戏表演过程中的经验心得，结合情感、民音、民俗、民生，尝试性在柳琴戏的唱腔曲调方面进行完善、丰富和创新。在广采博取的基础上，她强调"以情润腔""以腔动情"，对于剧目中角色人物的喜怒哀乐，倾注真实的情感，使各类情感能在柳琴戏"自由性"的腔调中流动，以走心动情的表演，打动观众。她的花腔细腻丰富，有时候一个花腔长达几分钟。据说，有戏迷因为着迷张金兰的柳琴戏，家里炉子忘记了关火就跑来听戏，中途在尾腔刚刚响起的时候忽然想起这件事，于是急匆匆跑回家，关掉火

① 腔节，是通常说的"气口"的意思。通常柳琴戏的优秀表演者都善于增减衬词，即增减腔节，并非增减衬词或唱段的意思。

后再急急忙忙折回来，本以为会耽误听戏，没想到张金兰的这一句柳琴戏尾腔还没唱完呢。

如果说，是父亲的循循善诱给了张金兰步入柳琴戏表演的机缘，那么从家乡到徐州的奔逃，则是父亲在冥冥中给张金兰的第二次指引。正是因为有了这次“出逃”，才有了张金兰顺势而来的二次成长。徐州的一切，在“迫使”张金兰为了生存而改变的同时，也给了她改变的时间和平台。假如说“人生如棋局，能识局者生，善破局者存，掌全局者赢”，那么，对于柳琴戏表演艺术来说，应该说“柳琴戏重腔，能识腔者生，善塑腔者存，引领腔者赢”。

回忆起这段往事的时候，张金兰先生颇为感慨：在郯城家乡“打地摊”演出时，父亲怎么教就怎么唱，还不具备在唱腔上加花①完善的能力和经验。但到了徐州之后，因为环境、观众和搭戏演员的改变，她开始尝试利用唱腔来表现剧中人物的情绪起伏，并逐步在传承唱腔的基础上加入渲染情感起伏的花腔巧调，慢慢有了自己独特的演唱风格。张金兰正是通过徐州柳琴戏“大熔炉”的“冶炼”，才使得自己的柳琴戏演唱技艺有了质的飞跃。

张金兰这位来自“东乡江湖”的年轻姑娘，凭借自己扎实的表演功底和饱含情感、充满了美感的多彩花腔，渐渐在柳琴戏表演艺术中崭露头角，观众记住了这位眉目如画、凤眼传神的年轻女子，她的倾情演出让观众感动之余，更加领略到了柳琴戏的“拉魂”之美。观众开始纷纷冲着这位从郯城来的，唱功了得、扮相俊美的柳琴戏“角儿”来看戏。

那段时间，戏院早早将写有张金兰名字的戏牌挂出去，观众闻名购票。她所演出的早晚两场柳琴戏，座无虚席，场场爆满。

“这个时候我已经能在徐州的戏班子里拿到整股账了。”说起整股账收

---

① 加花，指戏曲演唱中的装饰唱法，就是润饰乐曲，使之富有色泽的一种方法。

入，老先生的脸上压抑不住地透出自豪的神情。

如果说，在乡下业余班社拿到整股账是对张金兰传承传统唱腔的一种肯定；那么，在徐州高手云集的班社内拿到整股账，则是对她初步完善和创新唱腔的一种认可。 正是这种认可，让张金兰在今后的艺术表演发展道路上越走越大胆，越走越宽广。

被誉为“轻机枪”

张金兰回忆：“21 岁那年，我从徐州离开回到老家郯城，后来接到了季良奎班社的邀请，以后又上了他的班子去唱，这段时间在新沂一带的戏园子里唱柳琴。那时候我已经有些名气了，观众很多，大家都很喜欢听我唱的（柳琴戏）……”[①]

春蚕夏蝉，转瞬即逝，日子无声无息地滑到了 1948 年的年底。此时徐州已经解放，新政府的工作人员开始对柳琴戏私人班社进行合并管理。张金兰所在的“义和班”也在整改、整编的范围之内。因为没有本地户口，作为流动艺人的张金兰离开了义和班，辗转来到厉仁清所在柳琴戏班社“同义班”[②]，与知名柳琴戏艺人厉仁清搭台唱戏，共同挑起了该班社柳琴

---

① 作者采访记录。

② 组建于民国二十九年（1940 年）。长期活动于邳县，山东枣庄、峄县、兖州，安徽蚌埠、宿县等地。箱主刘继光（花旦），主要演员有傅敬坤（老生）、张文坤（奸白脸）、张承远（男旦）等。三人分别授徒厉仁清（艺名“小二孩”）、刘德光、张忠引，均得其真传。摘自薛雷博士论文《梨园拉魂第一腔》，第 84 页。

戏表演的大梁，配戏的演员当时有厉仁清的妹妹厉桂莲、妹婿刘德广等。

提及厉仁清先生，张先生赞不绝口：“厉仁清啊，他（的表演技艺）很厉害的，是个多面手，旦角、老旦、小生、彩旦，他什么都能演。”。

在中华人民共和国成立之前，民间柳琴戏班社内若是人手少，人人都要承担多个角色。当时在同义班，张金兰和厉仁清虽然都是撑起戏班子的角儿，但两人也会在各自为主角的剧目中互相搭台配戏。比如，以张金兰为主角《秦香莲》中，厉仁清为其做配角演包拯；同样，以厉仁清为主角的戏上演时，张金兰也会穿插其中演“女二号”或者丫鬟之类的配角。

这一时期，张金兰在徐州的柳琴戏观众中，已经有了响当当的名气，用老先生自己的话说就是：“那时候我已经成角儿了。”

“角儿”是能让观众眼前一亮的词儿，亦是能让演员肃然起敬的称谓。但并不是每一位从事戏曲表演的艺人都能成“角儿”。在戏曲界凡能称为“角儿”的演员，都是其唱腔能在流转的时光中影响到一代人、甚至几代人的表演艺术家，如：京剧的梅兰芳、程砚秋；评剧的白玉霜、新凤霞；豫剧陈素真、常香玉 ；黄梅戏的严凤英、王少舫，等等。“角儿”不仅仅是戏迷心中的璀璨明星，更是其所演剧种的代表形象。

常言道“戏曲是角儿的艺术”。柳琴戏由小至大的发展历程中，亦离不开“角儿”的支撑。40年代中后期，张金兰这一代“角儿”们的声名鹊起，在柳琴戏的发展中起了至关重要的作用。观众喜欢看什么戏，看哪个柳琴戏班社的戏，都与班社中所在的“角儿”密不可分。在戏迷心目中，花钱听戏就是奔着“角儿”名气来的。所以班社演出，只要挂出观众喜爱的“名角儿”戏牌，便不能再更换；若是更换，轻则会遭遇观众表示不满意的喝倒彩、起哄，重则会遭到过激观众的砸场子、扔石头，有些演员甚至为此被砸得头破血流。

谈起危及整场演出的临时“换角儿”事件，张金兰连连摇头，语气绝对地说：“只要是挂出俺的牌子，从头到尾唱就是喽，俺还从来没换过角儿呢。”用老先生自己的话说就是她唱戏至今，从来没有“倒过嗓”。

张金兰是当之无愧的柳琴戏名角儿，她将承载着柳琴戏之美的花腔巧调打造得精美绝伦、委婉华丽、大气磅礴，创建了如行云流水般绮丽繁华的“张氏唱腔”。她的名字是柳琴戏发展史上不可或缺的一部分，只要提及柳琴戏，人们便能自然而然地想到这位表演艺术家。这样的傲人成绩对于一位从乡村走出来，文化水平也不高，甚至不识乐谱的柳琴戏艺人来说，是难能可贵的，也是与其极高的天赋与心无旁骛的钻研分不开的。张金兰非常注意横向借鉴。在已经娴熟地掌握了传统柳琴戏唱腔唱调的基础上，力求在“变”中形成自己的演出风格，她认真观察和研究同行们的唱腔风格，时刻留意观众对唱腔唱段的欣赏变化，并用心记下观众喜爱的唱腔唱调，事后反复揣摩，举一反三地比较、练习，在千万遍的练习中，找出唱腔设计规律，然后根据自己的声音特色、演唱特点，扬长避短，有重点地丰富自己的唱腔唱调，做到“拳不离手、曲不离口”。这位专注于柳琴戏表演的年轻姑娘，在“铁杵磨针”般的长久历练下，逐渐从青涩的柳琴戏艺人，转变成了技艺成熟、且有唱腔风格特色的柳琴戏名角儿。

成角儿后的张金兰由“识腔”到“塑腔”，由被动地传承接受到引领完善，在柳琴戏表演的舞台上发生着质的转变。她利用柳琴戏“自由的组合乐句、自由的加花装饰，自由的套用篇子，自如的起唱与收尾、自由的转调”等“自由性”的特点，对传统柳琴戏进行了全面的完善与丰富，并因此获得了观众的认可与赞许。

在传统大戏《雷宝童投亲》中，艺高人胆大的张金兰在经历了唱腔初步完善与创新的成功尝试后，对演出的花腔处理和把握上也越来越自信了。

在演出贾桂莲这一角色时，张金兰不但根据剧中场景，将“花园对诗”“花园表诗”等“篇子”天衣无缝地与剧情对接糅合，还根据对人物性格特点的理解，修改、填写了唱词。她顺应内心的情感，在处理女主角的情绪变化时加入了精致多变的小腔弯儿。以细腻多变、华丽唯美的花腔巧调展示出了贾桂莲由“赏梅”引发“思夫”的微妙心理变化，将这位亦嗔亦喜的大家闺秀刻画得生动传神。

蓝天白云下的舞台上，已然化身于贾府小姐贾桂莲的张金兰，着一袭艳丽的绸衣，柳肩俏面，眉宇间笼一缕轻愁，袅袅婷婷地轻移莲步下了楼台。步入花园，似有青石小径在她脚下延伸，这时候一枝梅花从墙角斜探过来，贾桂莲被恣意怒放的梅花吸引，露出了乖乖女儿态，伸出纤纤素手掐花、戴花、赏花：

贾桂莲抬头用眼看，
腊梅开花墙角上爬。
往里我紧走两大步，
掐朵鲜花我往鬓角上插。
我今戴上花一朵，
想起了北京地里俺那个他。

所谓“女为悦已者容”，俏美水灵的梅花让张金兰想起了“北京地里的那个他”，原本欢快的情绪瞬间低落，唱腔也由轻松悦动转为舒缓惆怅，腔韵中含娇带怨的嗔怪将相思女儿情展露无遗。

眼前里若有雷文秀，
小奴家戴花俺丈夫夸。
眼前里没有雷文秀，
我戴着这朵鲜花干什么呀？
我把鲜花来摘下，
回头就用金莲轧，
金莲踩、金莲轧，金莲轧碎这朵花。

我光知道一旁把俺丈夫盼（哪嗆），

我恐怕俺姐姐听见（啊呀哪）……

叫声表姐你回头看，你看我嘴角风流在（哪哈啊）……

当唱到“我戴着这朵鲜花干什么呀？”在鲜花处停半拍后在再起腔，一个低落高起，将贾小姐先喜后嗔的内心情感表现得妥帖自然。接下来在宣泄相思之情的“采花”“摘花”的动作中，忽然发现身边的表姐对其侧目，遂醒悟过来；因为恐怕被表姐识破了自己的“思夫”之心，便急中生智地喊表姐，之后含羞带笑“叫声表姐你回头看，你看我嘴角风流在（哪哈啊）……”

唱到这儿，张金兰手指樱唇，眉眼娇俏，笑面蒙羞，将一个险些被窥破心事的大家闺秀，充满了机智灵活的一面活脱脱演绎了出来。

《花园对诗》这场戏，张金兰演唱得流畅自然，欢快活泼的腔韵如行云流水，吐字咬词如珠玉落盘，跟随着一波一波的拖腔转调，优美地飘洒出来。再加之眉眼间的灵动，一个怀春、嗔怪、机智又聪颖的大家闺秀被其活灵活现地演绎了出来。

这一时期，张金兰成功上演了“上书本戏”《五女兴唐传》《蜜蜂记》《雷宝童投亲》等剧目。她利用传承下来的柳琴戏演出经验和自己的演出心得，有效地统一了用气与发声、发声与吐字、行腔与抒发感情之间的矛盾。逐渐形成了“以情带气、以气带声、腔从字音、字中行腔”的演唱规律，其极具个人特色的“四句起腔”和“大调板”就是在此一时期完善形成。用张金兰先生自己的话说就是“每唱必来好”，特别是“大调板”，高起时直冲云霄，低回时则犹如飞瀑坠崖，强烈的反差，让人叹为观止。

声腔、表演俱佳的张金兰，活跃在徐州柳琴戏的大舞台上，从崭露头角到风生水起，因为其嗓音脆、亮、甜、润，宽圆皆具，演唱风格具有吐字快、清、脆的特点，腔韵绵柔但不拖拉，韵味浓，再加上演唱时力度足，情感爆发力强，戏迷们因此送给她一个亲切的外号“轻机枪”。

巨大的生存压力迫使柳琴戏艺人们努力完善自身的演唱技能。经过他们广采博取的完善创新，柳琴戏终于从单纯的“慢板”“慢二行”“快二行”“吞板”“剁板”“掉板”等板式曲调逐渐增加到了“连起板”“四句腔”“涯子”“含腔”“扬腔”“立腔”“哈弦”“鸣鸠腔”“哭皮”“叶里藏花”“导板”等丰富多彩的色彩腔。这些风格各异的花腔，有的委婉华丽、有的热情奔放、有的圆滑通畅、有的低沉深情、有的刚毅果断、有的激烈愤慨，它们在柳琴戏演唱中起到承转调节作用的同时，也将戏中人物的情感刻画得更加鲜明。

1948 年 11 月，新政府成立“华北戏剧音乐工作委员会”，对华北地区二十多个戏曲剧种进行了调查。并在《人民日报》发表了《有计划有步骤地进行旧剧改革工作》。同年年底，徐州各地戏剧班社纷纷参与到戏改的行列中。1949 年上半年，从山东来的南下干部曲永庆一行进驻徐州，他们利用大半年的时间，每天晚上看戏、听戏，对当地所有的艺人、演出场所都进行了统计，徐州 400 余名戏剧艺人一一登记造册。在厉仁清所在的“同义班”搭戏演出了半年多的张金兰，再次离开了自己喜爱的、赖以生存的柳琴戏班社。

1949 年春天，暖洋洋的春风吹拂着生机盎然的大地，携母亲返回郯城家乡途中的张金兰，盯着途中的景致，心里不免微微有些怅然。就在一筹莫展之时，张金兰意外接到了柳琴戏同行季良奎[①]的邀请，这位在柳琴戏发展史上赫赫有名的艺人慕名邀请她参加自己的班社。

---

① 季良奎（1915—1993 年），著名柳琴戏艺人，东海县洪庄人，新沂柳琴戏剧团创始人，民选团长，东路柳琴戏传承人。1945 年 7 月他参加抗日演出，宿北县政府成立“新庆”“同庆”“永庆”“大庆”四个拉魂腔戏班，季良奎担任艺委会主任，兼领新庆班。孔宪云任同庆班领班，宋成喜任永庆班领班，王春龄任大庆班领班。四大班社先后排演了宣传革命的现代戏《血海冤仇》《洞房刀》《巧中巧》《打兔子》《拥军拥抗》《减租减息》《改造二流子》等，深受军民的欢迎和喜爱。1947 年春，宿北县政府和人民武装部队北撤，四个戏班脱离宿北县文工团编制，自行解散。后季良奎、季艳秋、李春生、王春怀等人联合姚家班组成 20 多人的柳琴戏班社在南京下关九家圩行艺三年。1949 年季良奎回到新沂从组柳琴戏班社，固定在新沂新安镇民乐戏院演出，该戏院后被政府命名为“民乐剧院”。

在经历了徐州大舞台的历练之后，此时张金兰的柳琴戏演唱风格已经趋于成熟。且徐州与新沂相距不远，声名鹊起的张金兰无疑成了季良奎柳琴戏班社的一块金字招牌。

可以想象，在历经抗日战争、解放战争的艰难岁月之后，日子刚刚安稳，精神初步放松的老百姓，在寡淡清贫的生活中，民间戏院中传出来的悠悠柳琴音该是多么富有吸引力；那慰藉心灵、愉悦精神的戏园子，又是多少戏迷观众心目中的“桃花源”。

“千金——小姐坐楼门（哪啊）……”

一声清脆入云，尾音俏丽婉转的柳琴腔在静寂的夜空响起，犹如烟花般绚烂绽放，让台下观众精神为之一振。身材窈窕的张金兰随着欢快的流水板儿，轻移莲步，带着“春日凝妆上翠楼”的欢喜和富家千金的矜持款款而来。

观众一脸新奇与兴奋地端坐于戏台下，欢欣满怀地观看张金兰的拿手好戏《丝鸾记》中“千金小姐下楼门”这一出。这是张金兰极具代表性的表演剧目。戏中，她不但将一位美丽自信、风华绝代的千金小姐刻画得入木三分、真实生动；更让人惊艳的是，她用富有质感的嗓音、婉丽多变的唱腔和充满了乡土气息的唱词制造出了一波又一波的高潮，真可谓“腔腔销魂，声声动魄”。

千金小姐下楼门，
叫声丫鬟小迎春啦哈，
小迎（哪哈）啊——春（啦哈）啊——
小呀么小丫鬟（哪啊嗳嗯）……

这是小段的大调板演唱。刚开始张金兰以缭绕、舒缓、优美的唱腔起调，接下来随着声腔的转变，节奏转为花腔快板："咿哒咿哒咿哒……咿呀……"当唱到快得不能再快的时候，直窜云霄的行腔突然缓慢下来，板式迅速转换，从快板转入慢板。

这种疾缓不乱的转变将大调板中高起、低落的强烈对比差演唱得荡气回肠，余音袅袅；特别是中间快板部分，张金兰口齿伶俐，吐词清晰迅疾，快如疾雨骤降，珠玉落盘，而承转的花腔甩调则如宝刀出鞘，云燕窜天；那一声猝然甩出的高腔似在高空回旋，引得听众欲引颈观望时，却又在一个大调板之后直坠下来，音落之处，如有祥云缓缓从地面升起，令观众忍禁不住松了口气的同时，陡然发现那位性格毛躁的千金小姐，正素手高抬，娇声呼喊自己小丫鬟："小呀么小丫鬟呀哈咿……"

张金兰唱到最后那一句时，尾音处略带俏皮的高腔，如醇酒入喉，醉了观众的心神，微醺的感觉在每一位热爱柳琴戏的观众心里升腾，引起他们热烈的喝彩。

从这一场戏中可以看出，张金兰在柳琴戏的"润腔"上更显细致用心。在唱腔曲调的加花润色上，她总会细心揣摩，用心把握；对于角色的情绪起伏，哪怕是细微的情感波动，张金兰都会用细小的装饰音表现出来，也就是张金兰本人说所说的"巧腔弯儿"。经过其加工丰富后的唱腔，再配合以动作上的一招一式，能恰到好处地将角色内心世界展示出来，使之表演的人物更加生动感人。

侯美容： 千金小姐坐楼门（哪啊），
叫上来身旁的使用迎春（哪啊），
小丫鬟你与我来伺候伺候（哇啊），
伺候姑娘（啊唉），
整整乌云（哪啊）整整乌（啊）云（哪啊哎）。

重复部分：

千金小姐坐楼门（呀嗯哎）坐楼门（呀嗯哎嗯啊嗯哎啊嗯哎），
叫上来（呀啊）叫上来身旁的（呀哎呀）使用迎春（的呀），
（哎呀）使用迎春的（咦呀啊咦呀咦呀嗯哼嗯哼嗯吆嗳哎），
叫声丫鬟来是来伺候（啦哎）怎么来伺候（啦哎），
伺候姑娘我呀整整乌（哎）云（哪 ）。

此唱段，张金兰“腔中带词，词中行腔”，自“千金小姐坐楼门（哪啊）”的第一句开始，及至最后一句“伺候姑娘（啊唉）整整乌云（哪啊）整整乌（啊）云（哪啊哎）”的“云”字音，婉转悦动、起伏不定的转腔“啊咦呀咦 呀嗯哼嗯哼嗯 吆嗳哎”，在观众入戏的感受着这位千金小姐舒畅无比的心情时，却忽然来了一个尾音处的拔高儿，那陡然立起的腔韵儿就像一线钢丝被抛入天际，颤悠悠得让人心里有了酥麻心痒的感觉。

这场戏是展现张金兰花腔的经典之作，从初始过门的慢板抒情，到柳琴烘云托月般尾腔共鸣，令观众犹感初夏之风，带着嫩柳拂面的甜蜜气息奔涌而来；及至其间叠音的承转，千转百回、一唱三叹的花腔的穿插，都无比准确演绎出了久居深闺的侯美容，在即将走出家门时的那种愉悦心情。绮丽明媚、婉转多变的花腔带给观众目不暇接、眼花缭乱的美感。

侯美容：象牙木梳（啊呀）来拿过（唉嗨吆），
甩开青丝发万根（啊）。
左梳左挽盘龙髻（呀）盘龙髻（啊），
右梳右挽（啊呀）水波云（呢嗯哎吆 恩恩咿呀哎 ），

盘龙髻上插玛瑙（啊），
水波云上香麝喷。
左梳昭君（啊）（【花腔 三道弯儿】）来买马，
右梳童子拜观音（嗯哎嗨哎），
昭君买马人人爱（呀），
童子观音爱死个人。
当央梳上一座庙（啊），
庙里还有几尊神（哪）。
要问神像（啊呀）哪几位？
关张刘备和赵云。
要问神像（有是）有多大（啊），
个个都像大麦仁（哎呀哎）。
梳罢头来整乌云（哪），
小丫鬟递过（哎呀）水一盆（哎）
描花腕卷卷罗衫袖（哇）。

此唱段的旋律逐渐加快，以慢行二板为主，整个唱段的演唱热情奔放，声音紧凑，音律跳跃而富有弹性，每句戏词的字清音准。特别是当唱到“右梳右挽水波云呀”时的花腔“嗯哎吆，嗯哎嗯哎嗯嗨吆嗯嗯嗨吆”时，俏皮跃动的旋律，仿佛让观众真切地看到了长发及腰，春风满面坐在黄铜镜前左顾右盼的侯小姐。当其自问自答“要问神像有是有多大啊？个个都像大麦仁”时，其幽默风趣的比喻，即体现了小姐发髻的精巧细致，又衬托出了女主角此一刻的愉悦心情。演到此处，张金兰兰花指轻扬，掩口轻笑的俏皮模样令观众忍俊不禁，哑然失笑。

侯美容：十指尖尖下（个）水（哎呀咦哎呀哎呀咦啊）盆（啊啊

啊啊咹哎）【花腔 叶里藏花】

描花腕一抄翻白浪，

（俺是）洗个鲤鱼大翻身。

洗罢脸来净罢面，

小丫鬟递过丝香汗巾。

有一个丝香汗巾来拿过，

擦擦脸上的露水（呀）津（珠）（啊），

南京官粉净了面，

苏州胭脂衬在嘴唇。

小奴家打扮完备了，

小丫鬟开柜拿衣襟。

此唱段，整段唱中精美绝伦的花腔巧调犹如蝴蝶翩舞于百花从中，如“十指尖尖下水 哎呀 哎呀 哎呀……盆啊”中，三个“哎呀”花腔排列的细密流畅，【叶里藏花】的低音承转，至“ 咦……啊……”时，唱段似断非断，藕断丝连，之后在几个漂亮回旋后冲至高处，却又出人意料地一个回转滑落到低处，随之“愈唱愈低，愈低愈细，那声音渐渐地就听不见了。

满园子的人都屏气凝神，不敢躁动。约几十秒之后，仿佛有一点声音从地底下发出后直钻天幕，而后作千百道五色火光，纵横散乱。

侯美容：上穿石榴大红袄，

八幅罗裙勒在身。

三尺白绫束脚酸啊，

穿一双花鞋（哎呀）藕芽新（咹）。

小奴家打扮完完备，

带领丫鬟下楼门（嗯）。
在高楼走下来娇娆美女啊 ——（哎咹），
似前朝杨贵妃（唻哎哎）俊如昭君（唻嗨嗨）
俊如昭君（唻嗨嗨），
侯呀么侯美容（啊…… 咹嗯咹咹咹嗯咹）。

重复部分：

在高楼走下来娇娆美女（呀啊），
似前朝杨贵妃（咿呀唻吆）俊如昭君（哪嗨嗨吆），
上梳着五凤楼双钗压鬓，
双压银脑后飘红绒二根，
脸不擦南京粉又白又俊，
苏州胭脂衬在奴的嘴唇奴的嘴唇奴的嘴唇（嗯哎嗯哎），
柳叶眉无从摘弯似秋月（呀），
杏子眼一瞪（哼）满团精神……
束一条八幅裙前遮后盖（呀），
这顶上只绣的（【高腔】）海马朝纹，
说一声好（啊）奴是钗裙，
打打扮扮早下楼门，
说一声好（唻）奴是钗裙，
大佛殿去降香早回龙楼门早回楼门早回楼门。

此唱段，以大段的描述侯门女妆容之精致、服装之华美，加之张金兰婉转流畅的花腔，令人如入花丛，有眼花缭乱之感。特别唱段中间“在高楼走下来娇娆美女（啊 ——哎咹）似前朝杨贵妃（唻哎哎）俊如昭君（唻嗨嗨）俊如昭君（啦嗨）侯（呀么）侯美容”的重复部分越发精彩。

第一部分在唱第一句“在高楼走下来娇娆美女（哦啊……哎咹）”的尾音花腔时，颤颤悠悠腔弯儿的在口腔内回旋了三次，那感觉就像河边飞旋的蜻蜓轻巧地落在悬垂的芦苇叶上，忽悠忽悠地颤动了三次后，才随着陡然高起的清亮尾音直蹿云霄。这精美的花腔在勾起观众的柳琴戏戏瘾后，带着心痒难搔的渴望冲到了下一轮精彩唱腔的欣赏中。紧接着第二句“似前朝杨贵妃（�櫢哎哎）俊如昭君（咪嗨嗨）俊如昭君（啦嗨）侯（呀么）侯美容”中，节奏加快，张金兰以吐词的圆润利落和快板赶板儿来衬托侯美容即将走出家门的急切与欢喜。

第二轮重复时的花腔明显舒缓，侯美容又恢复了大家闺秀的矜持与端庄，但后一句的衬词花腔“咿呀咪吆”，则把千金女儿体下楼时摇曳的身姿渲染得生动鲜活。

此后，该唱段中精彩不断，叠句“苏州胭脂咹只衬在奴的嘴唇奴的嘴唇奴的嘴唇嗯哎嗯哎……”“大佛寺去降香早回龙门早回龙门早回龙门……”运用得到位贴切。前者加强了愉悦心情渲染，强化了走出家门后的怡然自得；后者则犹如山谷回音，带着缭绕的回旋音，渐行渐远。“早回龙门……”的袅袅余音在半空中久久不散，真正达到了“余音绕梁”的视听效果。观众也通过张金兰形、神、色、视、听俱佳的柳琴戏表演中，满足了对精神文化的需求。

“千金小姐下楼门”是张金兰的柳琴戏表演历程中具有代表性的唱段。她利用深厚的演唱功底，先是以优美动听的“四句起腔”勾住了观众的“魂”，又熟练运用【叶里藏花】【大调板】等一系列花腔制造出一波接一波的听觉高潮。日渐成熟的“张氏唱腔”风格，不但成为调动观众情绪的拿手绝活，也在丰富柳琴戏唱腔艺术中起到了举足轻重的作用。张金兰的戏迷在周边地区迅速扩散，她的名气也随之越来越响亮。但在舞台上忘情表演的她并不知道，牵着红线奔走于人间的“月老”已悄然而至，将张金兰秋波流转的目光牵引到台下一位凝神听戏的年轻人身上，并抬手为他们打了一个红色的“姻缘扣儿”。

这位青年男子就是邵瑞武。再次的邂逅，让两位有着共同事业追求的俊男靓女从“曾相识”到“心相系”，从而成就了柳琴戏史上的一段佳话。与其说是巧合，不如说是冥冥之中的注定。

与邵瑞武的柳琴情缘

说起这段姻缘，九十高龄的张金兰先生抿嘴轻笑，神态与娇羞的少女一般无二，随后她语气娇嗔地说："当年，是他（指邵瑞武）追的我啊！"[①]

说起爱人邵瑞武，张金兰老先生语气变得轻松而愉悦："我刚去了新沂季良奎的班社半个来月，他（指邵瑞武）就也过去了……"说到这儿，九十高龄的张老先生抿嘴轻笑，神态与娇羞的少女一般无二，随后她用娇嗔的语气说："当年，是他（邵瑞武）追的我啊！"说完，老先生就笑起来，随后将目光飘向了窗外……

邵瑞武是张金兰相伴终身的伴侣和搭戏伙伴，也是一位在柳琴戏表演舞台上表演出色的一流生角儿。几十年的柳琴戏表演生涯中，夫妻二人一位是腔韵独具的柳琴戏唱腔皇后，一位是扮相俊美的一流小生。邵瑞武浑

① 作者采访记录。

厚圆润的嗓音与张金兰清脆婉转的嗓音相得益彰、相辅相成，两人珠联璧合地为广大柳琴戏戏迷奉献了多出脍炙人口的柳琴戏，如《丝鸾记》《父女顶嘴》《王三姐剜菜》《王二英思夫》《三击掌》《鸿雁捎书》《状元打更》《秦香莲》《喝面叶》《打干棒》等。在携手共进的柳琴戏表演艺术生涯中，两人亦师亦友，携手相伴了一生。

回忆起丈夫邵瑞武学戏的过程，张金兰先生说："跟师学戏规矩很严，学徒常挨打。有一回瑞武挨了打实在熬不住，就偷着跑了，被找回来后，又是一顿打，直到他开了戏门（开窍），才真正爱上唱戏。"

1945 年，17 岁的邵瑞武入伍参加八路军，因学过戏，喜爱文艺，邵瑞武经常在空闲的时候为战友们表演个小节目，是战士中的文艺骨干。后来，徐州解放后部队南下，邵瑞武因身体不适，被批准复员回乡。

柳琴戏的师徒传承规矩中，若是徒弟学有所成，便跟随师傅的戏班搭班演出。若是具有很好的天赋，在当地唱出名气，戏曲界叫作"唱红"，那么唱红后的学徒会离开师傅的戏班，到另外的地方自己组班当班主，领班演出。邵瑞武没有唱红，又对柳琴戏有难舍的情愫，复员后便又投奔到师傅所在的柳琴戏戏班。

据张金兰先生所回忆，自己获邀参加季良奎的柳琴戏班社不过半个月，当兵退伍后的邵瑞武便也"前后脚"回到该班社中。

相遇的那一晚，月影风疏，风尘仆仆的邵瑞武刚入戏院便被张金兰如高山流水般起伏自如的柳琴唱腔所吸引。只见台上的张金兰青丝绾正、面容明艳，正以其经典的四句起腔，完美传神地演唱《丝鸾记》中"千金小姐下楼门"的唱段。

瞬间，邵瑞武整个身心都融化在张金兰精美绝伦的唱腔中。他呆呆地站在舞台下，痴痴望着舞台上霓衣轻舞、纤丽精致的女子，心里早已是感慨万千。真可谓"众里寻他千百度，蓦然回首，那人却在灯火阑珊处"。

原来邵瑞武的家乡江苏省邳州市官湖镇平墩村，和张金兰的家乡郯城县花园乡三捷庄相隔不过四十多里地，早在家乡的业余柳琴戏班社时，豆蔻年华的张金兰就曾到邵瑞武的家乡演出过柳琴戏。那时候，邵瑞武虽然是懵懂少年，但张金兰精彩的演出却让他观之难忘。只是短暂的交集很快过去，人海茫茫，邵瑞武本以为两人再无相逢的可能，只好空留一份美好的钟情在记忆中。却怎样也未承想到，几经周折，十年后两人居然在同一个柳琴戏班社内再次相遇，这样的巧合着实让邵瑞武喜出望外。

昔日的梦中情人已非昨日青涩单薄的模样，当初娇俏的女儿家，已是面如满月，声如夜莺，除了容颜越发水润外，神情更增添了几分温婉柔媚之色。邵瑞武清晰地感觉到自己加快的心跳，此时此刻，他赞她、爱她，却又怕配不上她。尘封的爱慕，就像含苞欲放的花蕾，当再次相遇的春风吹过，便悄无声息地绽放开来。邵瑞武痴痴盯着台上的张金兰，有一刹那，他真有些分不清是“戏如人生”，还是“人生如戏”。

因为多了一分钟情，外形俊朗的邵瑞武便时时处处多了一分对张金兰的关爱之心。

演出时，他帮她整理戏服、指点妆容。演出后，他紧随左右，虚心向其请教唱词唱腔方面的表演技巧，切磋演出技艺。生活中，他又事无巨细地帮张金兰打理身边的一切事务。

邵瑞武先是以浓烈似火的激情让张金兰感受到了爱恋之甜美；随后又用诚心、耐心和贴心的关怀让张金兰感到了倾情之温暖。生活方面，邵瑞武给予了张金兰父兄般的疼爱，他用真心真爱打动了张金兰的内心，获得了她的信任，这种信任将爱恋延伸成了依靠。不知不觉中，张金兰对这位既有军人般英武又有书生般儒雅的青年男子产生了情感上的依赖。

张金兰和邵瑞武正是在人生中最美的岁月，以最浪漫的方式遇见，并水到渠成地相知相爱。而在舞台上演绎了各种浪漫爱情故事的张金兰，也终于在自己的人生舞台上，用真情实感演绎出了一段花好月圆的经典爱情故事。

对于他们缘起柳琴戏的爱情，张金兰先生说：“从我们结婚后，俺俩就在一起搭戏。从那以后，俺在戏台上的伴儿一直是邵瑞武，从来没换过。”

“爱一个人，就是一辈子的事。”张金兰的爱情观便是如此。她和邵瑞武结婚之后，两人携手走过了人生数十载的春秋岁月，这期间，无论对方贫弱病穷，两人始终不离不弃，互相扶持着走了过来。

很多年后，张金兰已经儿女满堂，她老人家对下一代的婚姻选择，提出的唯一要求便是，确定了婚姻关系就不能离婚。老先生主张婚前瞪大双眼看清楚，婚后闭着眼睛装糊涂。

多么务实的爱情观，多么精辟的婚姻经营理念，正如其与丈夫邵瑞武携手走过的婚姻历程。他们携手穿越了风云多变的半个多世纪，繁华的舞台、艰辛的生活、严酷的政治风暴，直至2000年时最后的生离死别。这期间，不论和风细雨，还是暴风骤雨，两人始终相濡以沫、不离不弃，即使到了天上人间，阴阳相隔，仍难断挚情。

那日，阳光绚烂了秋色，照亮了舞台。

流水板中，邵瑞武满脸春色走上前来，微吊的眉，闪亮的星目，眼角眉梢皆是掩不住的春色。

《丝鸾记》片段：

龙官宝：大佛殿（哪）走出来龙官宝，
忽听说来了侯小姐（呀），
哪来的闲心我念五经（哪啊咦）。
东廊房走出来龙官宝。

邵瑞武扮演的龙官宝用浑厚圆润的唱腔牵引出一位千娇百媚的女娇娥。却见张金兰扮演的相府千金侯美容俏目含情，撩帘登台。珠钗闪烁，裙摆飘扬的她于三分羞怯的神情中透出四分欢喜，当抬眼看到玉树临风的龙官宝时，矜持中又略含了三分热切，只见她轻启朱唇：

侯美容：西廊房走出来奴家我叫侯美容。

龙官宝：龙官宝在一旁偷看小姐（吆），

侯美容：侯美容在一旁偷看相公，

龙官宝：我看她好似前朝莺莺女。

侯美容：我看他又好像普救寺内俊张生。

龙官宝：她好比九霄仙女临凡世。

侯美容：（哎呀）他好比左金童子（哎呀）偷下了生（哼哎嗨吆）。

龙官宝：我有心上前（哪），与她讲话，（台台【锣鼓】）

侯美容：啊我这里羞答答我问相公你姓何名（嗯）。

龙官宝：我家也住莱州府（啊），
蓝旗巷内有门庭（哪啦哈咿）。
先父官讳龙善卫，
所生小（啊）生是孤丁，
今年长到十八岁，
三月初二子时（啊啊）生（啦啦哈咿）。

侯美容：听他言来我抿嘴笑，
就知他谈的话有音（呢）。
（啊）我一为母病把香降（啦），
再为的（哎呀哈）再为的面见龙相公（哎）龙相公（哎哎唵唵嗯）（转【快板】）。

侯美容：我问你一人佛殿把书念（哪），
是怎么是怎么没见你的尊（哪哎呀）尊夫人（嗨呀哎）。

唱到此处，张金兰以起伏跌宕的节奏和摇曳多姿的花腔巧调，来展示侯美容初见情人时外表羞羞答答，内心却又难掩喜悦的情绪，其间她眉眼间毫不掩饰的娇嗔羞怯，更是将一个怀春少女的情感起伏，恰到好处地表现了出来。

龙官宝：俺没娶亲没婚配，房中哪有意中人（啊咦）。

侯美容：既然公子你没择配呀，你就该央媒（哎呀）托媒人。

龙官宝：我也有意央媒聘，怕我有（啊）意她无心。

侯美容：既然公子你没择配，

我愿（咪哎呀）我愿（咪），我愿给愿给公子你做媒人做媒人。

龙官宝：小姐要说的是哪个（吆啊）。

侯美容：你爱何人俺就说何人（哪）。

龙官宝：踏破铁鞋无觅处，

意中人儿在面前存（哪啊咦）。

侯美容：我问你意中人儿她是哪个？

龙官宝：她就是小姐侯千金（咪啊咦）。

侯美容：(【大调板】)公子说话切留意（呀哎唵），

可别叫外人听见（啊），

羞（是）羞煞人（啦啊）羞煞人（啦啊），

呆个来呆来呆……得个雷得雷得雷得侬呀……啊嗯……

公子来呀

侯是侯美容（慢一倍）。

公子说话且留意，

可别叫外人听见羞是羞煞人（哎呀）

羞是羞煞人（啊咿呀咿呀哎咪哎嗨哇嗯）。

既然公子你呀没有择配，

（哎呀）我愿（咪哎呀）我愿来愿与公子定个终（咪）身。

此唱段，侯美容和龙官宝互相试探，在最后一句“公子说话切留意（呀哎唵），可别叫外人听见（啊）羞煞人（啦啊），羞（是）羞煞人（啦啊）羞（是）羞煞人（啦啊咿啊咿啊啊是呀唵咿呀唵呀啊是咿呀咿呀嗯 哎嗯）。”张金兰在上翘的尾腔前，先以重复的叠腔渲染女主人公的羞涩、不安的心情，紧接着再以婉转多变的拉腔渲染，最后以大调板特有的高起低落，准确无误将侯美容试探意中人有无妻室时的激动复杂的心理变化表达了出来。

特别是【尾腔】前那一段华丽多变、跌宕回旋、花香四溢的花腔，真正让观众惊艳。 这些富有感染力的小腔弯儿，在张金兰口腔中“一抖三转”，就像荷叶上的露滴，晶莹莹地颤动了三下后，“扑哧”一声落入了水中，惊起了阵阵涟漪，之后一圈一圈的波纹带着散金碎玉的光彩袅袅散开。

龙官宝：你说这话我不信。

侯美容：我与你佛殿明明心。

龙官宝：上首跪下龙官宝。

侯美容：在下首得配奴家侯千金。

龙官宝：我与小姐终身订。

侯美容：咱二人海枯石烂也不变心。

龙官宝：咱好比玉簪花开一朵白头到老。

侯美容：（啊呀）与相公咱活是夫妻死了同坟。

龙官宝：上首起来龙官宝，
一挽手搀起小姐侯千金（啊咦）。
腰中解下丝鸾带，
意与小姐做媒人（呀啊咦）。

侯美容：有个香球来拿过，

俺递给相公你（呀哎呀）做（呀）做媒人（嗯）。
望你早日央媒到（哇）
搬娶奴家……

龙官宝： 搬娶小姐……

侯美容： 早过门，早过门（哪）。

舞台上，相府千金侯美容邂逅落魄书生龙官宝，两人在大佛殿相遇，一见钟情，互相偷看试探，侯小姐假装要给龙官宝介绍对象，龙官宝说爱上的人儿就在眼前。于是，各自欢喜的两个人以身上的丝鸾带相赠定情。

这出浪漫、唯美的柳琴戏便是张金兰的经典演出剧目《丝鸾记》。作为与邵瑞武合作经典剧目，两人倾情以对，脉脉含情。而张金兰更是将大家闺秀侯美容的闺中寂寞，要出门时的讲究，初见心上人时的羞涩，以及定情后对爱情的执着都拿捏得分毫不差。

尽管舞台上的侯美容恨嫁心切，初次见面便羞怯怯、意绵绵地旁敲侧击去打探意中人的婚姻状况；但舞台下的张金兰却因情定邵瑞武而被母亲狠狠地打了一烟袋杆儿。

原来，张金兰的母亲在听闻女儿与邵瑞武交往的事情之后，坚决反对、极力阻止。这种出于本能的爱，有时候又因为爱之过切，掺和进了护犊般自私与武断。

因为母亲对女儿张金兰的终身是有期许的，作为已经成"角儿"且容貌端庄秀丽的女儿，完全可以选择一位家境富足的男子。这样一来，不但女儿可以有个衣食无忧的安然生活，自己也可以无所牵挂地度过下半生。可是现在女儿居然与同班社里的邵瑞武一见钟情，更糟糕的是邵瑞武不但名气不如张金兰，而且家中兄弟姊妹众多，家境清贫。老人家极力劝说女儿不要痴迷于一个穷小子，他没有名气，没有家产，只有众多的姊妹兄弟和沉重的家庭负担。无奈张金兰是个性情之人，心里拿定主意要嫁给性情相投的邵瑞武，自然是听不进母亲的劝解。老母亲费尽口舌无果，痛心疾首中抡起烟袋，高举轻落地砸了女儿一烟袋杆子。

就这样，相依为命的母女两人，因为对张金兰的终身大事存在有不同期许，在选择上产生了分歧。

那段日子，张金兰满怀心事，既担心母亲生气着急，又担心与心上人好梦难圆。午夜梦回，她躺在床上辗转反侧，再难入眠：自己是观众喜爱的角儿，又是父亲早丧、无所依傍的闺中女儿；自己既想要老母亲安心，更渴望有一个属于自己的、安稳的家，有一个如戏中小生一般儒雅俊秀、体贴关切的爱人。命运眷顾，最终将这个可心人儿送到了自己身边，现在却因为外在的因素，引起了老母亲的强烈反对。是顾及老母亲的感受？还是勇敢地笃定自己的选择？

这一段充满了戏剧性的抉择，尽管身处其中时备受痛苦煎熬，却也让年轻的张金兰对人生的情感有了更深刻的体验。

高高搭起的戏台上，张金兰变身为《三击掌》中的王宝钏。一方是生养自己的父母，一方是可以相伴终身的爱人，舍弃了哪一方皆非己所愿。舞台上，王三姐据理力争，试图说服老父亲。表演时，张金兰感同身受，被戏中老“父亲”的无情伤得珠泪双流，而性格刚毅执着的王三姐与父亲反目时的绝情唱段，又让张金兰深切体会到与亲人决裂后的那种痛楚，真的是如钢刃刺心，痛不可言。

王丞相：出府去吧。

王三姐：爹爹你容儿（【起腔】）告禀……

忽听说查原情，

王三姐跪溜平，

父女的恩情比山（呐）重（啊）。

西花街上去抛宝，

打来城南贵薛穷，
苏龙魏虎他把奸计来定。
老爹爹你嫌贫爱富，王三姐我（是）情愿受穷。

王丞相： 听此言怒冲臣，
三女儿你听真，细听老父从头论（哪啊咦）。
西花街上去抛宝，
打来平贵受穷人，
倒叫老父我心头恨。
三女儿归回绣房，
这桩事自有父亲，
自有父亲（哪啊咦，重复上一句）。

王三姐： 王三姐泪号啕，
老爹爹你在朝，
三纲五常你都晓道。
钢镘砍到了梨樱树，
棒打鸳鸯两翅漂，
我的（个）老爹爹你退婚不怕人耻笑。
老爹爹你嫌贫爱富，王三姐我情愿住窑。

王丞相： 听她言我怒气发，
骂一声小冤家，
为父的家法你不怕。
西花街上去抛宝，
你把花郎打到家，
倒叫老父心头挂。
三女儿归回后面，
这桩事你不要管他。

父女对婚姻大事的意见不合，王三姐由哀求到劝说，及至最后的怒争。唱词唱腔里皆带着火剌剌的怒气，稍显过火的唱词，一方面显示出倔强、刚烈女子爱憎分明的个性；另一方面却又原汁原味的呈现出乡间妇女的泼言辣语。

王丞相： 一句话惹恼了王老丞相，
气得我年迈人怒满胸膛。
你大姐配苏龙虎部执掌，
你二姐配魏虎兵部侍郎。
都只为三女儿无有择配，
为父我拿本章去见君王。
万岁爷赐八宝为父回往，
二月二西花街抛打才郎。
实指望你打个忠臣良将，
没料想你打个要饭花郎。
三女儿千金体为父丞相，
你怎能与花郎苦度时光。

王三姐： 老爹爹说此言你把话错讲，
儿命苦怎能配是状元才郎。
秦甘罗一十二岁为太宰，
姜子牙八十三岁才做丞相。
有志人他不论年高岁长，
无志人长百岁也是平常。
你别笑薛平贵是花郎模样，
到后来得了中比你还强。

王丞相： 三堂不让父讲话，

两件宝衣与我脱下了身。

王丞相：无奈老父叉着门，我问女儿哪里去呀？

王三姐：我走遍天下（是）寻俺夫君。

王丞相：我这万贯家财尽儿带。

王三姐：看起来这外财也不发俺命穷人（哪）。

王丞相：老父我命中无儿指望着你。

王三姐：天底下哪有他闺女摔老盆。

王丞相：今天把你赶出府（啊）。

王三姐：我皱皱眉头不算人。

王丞相：恼一恼我把你舍给那要饭的汉。

王三姐：我不坐龙车凤辇不回门，不见父亲。

王丞相：你说这话我不信。

王三姐：我与你三堂之上击手心。

王丞相：好恼！三堂之上啊三击掌，三击掌断了父女恩……

此唱段中，王三姐与父亲王丞相一正一反，一唱一对，唱腔板式由慢到快，赶板跺板，字字珠玑，声声紧逼。戏中，父女俩有关是非对错的辩护互不相让，现场气氛犹如绷紧的琴弦，随着言辞激烈程度，腔紧词密，最后理亏的王丞相气急败坏地唱出“三堂不让父讲话，两件宝衣与我脱下了身”时，砸板静音，就像绷紧到极限的琴弦“咯嘣”断裂，原本你追我赶的唱腔像齐刷刷被切断一样，前一刻还热闹非凡的舞台瞬间变得寂然无声。这一小段静音留白非常的匠心独具，既准确地体现了王三姐听到“父亲说出了绝情的话”后，那种无语凝噎的悲痛心情，也人性化地表现出了王丞相在一怒之下说出绝情话后的懊恼。片刻的静音之后，音乐缓缓响起，心情沉重失落的王三姐先以低沉、压抑、幽怨的腔调缓缓起腔……这一静一动，将父女二人感情的起落承转体现得完美无瑕，也将剧情自然而然地推向了高潮。

演这场戏的时候，张金兰正处在王三姐的位置上，对父亲嫌贫爱富的恼怒，对未婚夫婿的牵挂，她皆感同身受。整场戏，张金兰用流畅自然、起伏有致的唱腔吐词儿，将王三姐内心较大的起伏表现得生动感人。

因为起源于民间，艺人又是土生土长的农民，所以柳琴戏是以农民的视角来观察生活，用农民的思维逻辑来塑造人物形象。该戏表演起来具有明快爽朗、粗犷强烈、真实自然等鲜明的特色，其间一节一拍，一词一句，一唱一叹，都是来自于鲁南老百姓的阡陌之歌、街巷俚曲，有些未经加工处理的词句，如王三姐骂父亲的话语，在现代人看来是很难被理解的；但是在爱憎分明、眼中容不得一粒沙子的沂蒙山区的老百姓看来，这并非单纯对父亲的指责，更是对“背信弃义，嫌贫爱富”这种行为的痛恨与不齿。饶是这样，将整个感情投放于戏中的张金兰仍然心有余悸，这位心地善良又性情率真的姑娘，真的被戏中王三姐与父亲反目时的凄凉场景触动了内心。

好在生活中并没有发生如戏曲故事中那样的激烈冲突，张金兰的老母亲非常疼爱自己唯一的女儿，在与女儿僵持了一段时间后，老母亲见张金兰铁了心，又加上同班社老艺人们你来我往的劝说撮合，老人最终做了妥协让步，同意了两人的婚事。

1950 年春天，勇敢的张金兰带着欢欣与期待嫁给了自己钟情的邵瑞武。与舞台上鼓乐齐鸣、富丽堂皇的婚礼截然不同，家境清贫的邵瑞武，拿出自己微薄的积蓄，满心欢喜地宴请了班社的艺人同事们，在剧院热热闹闹地摆了两桌酒菜，简单又隆重地举行了婚礼。新娘子张金兰穿一身洁净的家常衣服，满脸娇羞地站在邵瑞武身边。就这样，两人在众多亲朋好友的见证下，结成了百年之好。

张金兰自小与柳琴戏为伴，长久的舞台生活和对柳琴戏表演的专注，使她不通俗物不懂讲究。但她却幸运地在大千世界中找到了最懂自己的爱人。邵瑞武在其生命中的出现，不仅令形只影单的张金兰拥有了家庭的关爱，也让她的柳琴戏演艺生涯提升到了新的高度。

两情相悦的张金兰和邵瑞武，携手在柳琴戏的舞台上，为广大的戏迷观众倾情上演了多出才子佳人的爱情故事。随着日子的流逝，两人的情感的逐渐深厚，在演出中的默契度也越来越高。而夫妻两人这种默契度极高的演出，又让他们在激烈的戏班竞争中有了更加稳固的地位与收入。

融汇南北唱腔形成“张氏风格”

> 张金兰回忆：“俺们是乘船去的运河镇，当时候在岸边的戏迷可不少来，黑压压的一片。寒冬腊月的天，都穿着大棉袄，脸冻得通红……”（笑）“他们都是听说俺要来演出，候着要来看角儿呢。”[①]

在历经苦难的人生路上，张金兰始终以坚强的意志力，不断挑战自我，将复杂的人生磨难转化成了一种形而上的精神财富。其利用柳琴戏唱腔中的“自由性”，结合自己对情感的理解和感悟，将腔弯儿作为抒发情感的平台，在每一个转腔的演唱上，哪怕是微弱的颤音，都以丰沛的情感去填充完善。那些起伏多变、脍炙人口的腔弯儿被感情充盈得水润丰满，一览无遗地展现出剧中人物内心情感的起伏变化，从外到内地打动了观众的心。这样的唱腔完善，不但改变了民间柳琴戏演出人物刻画不到位、塑造角色不丰满的短板，也完成了柳琴戏腔韵的再创新，为柳琴戏的唱腔增

① 作者采访记录。

添了新的色彩。

此时正值中华人民共和国成立伊始，各地戏改正如火如荼地进行中。面对将来未知的演艺路，不免有些人心浮动，特别是身处异乡的艺人们，不少动了归乡的念头。

1950年初冬，在季良奎柳琴戏班社中搭戏的柳琴戏艺人姚树仁[①]，因为思念家乡，决定带着一家人从新沂县回到原籍睢宁邳县，同他一起离开的还有艺人王春举。

回到睢宁后，姚树仁先是在邳睢县县政府驻地土山镇演唱，之后又打听到刚新中国成立不久的水旱码头运河镇尚无戏班子，就决意去那里闯一闯。

运河沿岸与柳琴戏有着千丝万缕的联系。早在20世纪30年代，运河沿岸的峄县、滕县大大小小的拉魂腔戏班达到三四十个。仅运河小镇台儿庄一地就活跃着近十个拉魂腔戏班，如：李广喜班、刘继先班、黄天全班、刘洗生班、褚庆喜班、张文斌班、侯全兴班、孙传科班。“这一时期，艺人的创造力也达到高峰，孙殿文创造了旦角的连板起；孙大武创造了生角的连板起；厉仁清、孙广友分别创造了大八板、小八板。卜端品的鸭子丑名声大震；小红袄小喇叭卜玉萍的坤角勾人魂魄；马学诚、孙玉堂的唱功委婉动听。民间流传着关于他们的谚语：‘金妮银妮卜二迷（指卜端品），檀山后的钟文银’‘卜端品腿上拴铃铛，走到东庄响西庄’‘听说大中（指岳德才）进村来，男女看戏挤掉鞋’。”[②]从这些在老百姓中间广为流传的谚语中，我们能一目了然地感受到柳琴戏所散发出来的艺术特点、艺术魅力，以及艺人精湛的演出所带来的感染力，也可以比较直观地感

---

① 姚树仁（1919—1965年），知名的柳琴戏艺人，又称姚三，睢宁县古邳区宋小楼村人。少年师从山东郯城夏广胜学艺，丑角。民国二十九年（1940年）与拉魂腔女艺人潘玉珍结婚，之后，组成姚家柳琴戏班社，并担任班主。姚树仁在睢宁—邳县、新沂、宿迁一带很有影响。

② 程志：《拉魂腔与运河流域徐州段文化》，《盐城师范学院学报》（人文社会科学版）2015年第2期。

受其在运河两岸传播的深度和广度，还有受欢迎的程度。

姚树仁看中的恰好是运河两岸老百姓喜爱柳琴戏的氛围，他自筹资金购买行头、道具之类演出必需品，成功组建柳琴戏班社（邳县柳琴剧团前身），之后，携全家来到当时属于邳睢县猫窝区的运河镇。在交通便利的运河镇安顿下来，为了尽快在当地唱出名气、站住脚，姚树仁四处联络柳琴戏艺人来此搭班唱戏，邀请了当时不少的柳琴戏名角儿。

此时，年轻的柳琴戏红角儿张金兰正以精湛的演技和清脆嘹亮、饱满圆润的唱腔吸引着观众，也吸引着姚树仁抛出了橄榄枝。姚树仁戏班的高鹏飞亲自登门，邀请张金兰和邵瑞武夫妻来新成立的柳琴戏班社搭班唱戏。

邵瑞武出面与高鹏飞商谈好合作的相关事宜后，夫妻两人收拾行囊，启程赶往运河镇。当时夫妻俩还没有体面的行李箱，张金兰像往常一样将衣服和日常用品打成包袱。而邵瑞武则拿着视若珍宝的结婚证，不知道往哪儿放才算保险。最后，他斟酌再三，小心翼翼地将那张薄薄的方形纸放在了礼帽中。

回忆到这儿的时候，张金兰先生噗嗤一笑："他觉得放在那里（礼帽中）最安全，可怎么也没有想到，礼帽被风吹落进运河里了。为了这事，他念叨了好一阵子呢。"

在谈及陪伴了其一生的爱人邵瑞武时，九十岁的张老先生仿佛瞬间回到青春年少，说话时油然而生的娇羞与俏皮散发出一种别样的美丽。

1950 年冬天，张金兰、邵瑞武这一对恩爱夫妻，在邀请人高鹏飞的带领下，来到了运河岸边搭船，准备由水路奔赴运河镇。

在张金兰夫妻乘坐的小船快到达运河岸边时，岸边已经挨挨挤挤地站满了人。这些老百姓都是当地的柳琴戏戏迷，他们听闻柳琴戏名角儿张金兰要来演出时，为了一睹真容，不顾寒风刺骨，自发跑到运河码头来迎接张金兰。

提及当年站在运河两岸的寒风中等待自己到来的热情观众时，张金兰先生至今仍感慨万千："俺们是坐船去的运河镇，当时天还怪冷，当地老百姓听说俺要过来搭班唱戏，都穿着大棉袄跑到岸边等着看角儿，挨挨挤挤的人可真不少哩……"

张金兰夫妻的到来，让姚树仁的戏班未曾演出就已经变得吸引力十足。作为戏班的召集人，姚树仁趁热打铁，广发英雄帖。很快将柳琴戏南北两地的知名艺人汇集起来。除了应邀而来的张金兰、邵瑞武夫妇，以及班主姚树仁、潘玉珍夫妇外，还有姚树德（老大）、姚树春（老二）、姚秀云（姚树德之女），王友才、王春举、孙玉兰、孔宪云、孔春兰；梁凤玉（艺名"二芭"）母子三人；周德才、周凤鸾父女一家；宋先福、于彩婷夫妇一家；董祥瑞、董祥义兄弟俩；刘立中、刘红云父女一家；刘富春、王桂兰夫妇一家；李春生、尹桂霞夫妇一家；徐茂银、周桂珍夫妇一家；王继伦一家；陈金凤、王金霞以及郑学传、石玉振等三十多人。

在张金兰先生的记忆中，该班社中多以陈金凤、王金霞等南乡艺人为主，演出时各个流派的艺人们凑在一起搭台唱戏，使整场戏观赏起来既有了南音的细致糯软，又有北音的粗犷洒脱，虽然唱腔唱调异彩纷呈，配合表演时却并无多少隔阂。

《中国戏曲通论》中提到"人民的艺术欣赏趣味并不狭隘，他们能容纳新东西，但外来新艺术要在一地长久生根，却又必须地方化，首先从语言上，随后由语言而及于唱腔。其原因首先是欣赏者必须听懂语言，才能说到欣赏艺术"[①]。

在长期的流传发展中，柳琴戏受各地区不同语言声调、戏曲声腔、地方小调的影响，分化为不同的路数和剧种。关于柳琴戏的唱腔分类，各类资料内分别有不同的记载。根据戏曲理论家蒋星煜先生20世纪50年代初的调查，拉魂腔从临沂向外流布，分为四路。从临沂出发经郯城到江苏

① 张庚、郭汉城主编：《中国戏曲通论》，上海文艺出版社1989年版，第26页。

的新安镇、郯县、东海一带为东路；在折向泗阳、泗州、灵璧、宿县、蚌埠、滁州一带就成了南路；从临沂到峄县，再到徐州、又流传到涡阳、蒙城的谓之中路；从郯城到达滕县形成的北路，又分为大路东的滕县和大路西的丰县、沛县、萧县、砀山两个分支。

事实上，不管怎样分类，因为中国南北习俗及自然地理环境的明显差异，中国戏曲腔调风格总还是遵循着“南柔北刚”的地域性风格特征。

所谓“十里不同风，五里不同音”，不同的环境造就了不同的人，也造就了不同的文化艺术。南曲之柔美优雅，与南方的山水之秀媚、雨润之花香的自然环境，以及饮食习惯有着极大关系。语言风格也在这种传统文化、习俗等人文环境的影响下，逐渐呈现了软、柔、糯、婉的地域特点。为此，“生于斯，长于斯”的南方艺人所表演的柳琴戏就具有了细腻、委婉、玲珑的艺术特征。北曲则与南音正好相反。苍凉凝重、激越奔放的北曲与北方铿锵有力的锣鼓、高亢激昂的唢呐声相辅相成，浑然一体。北方人的性格多为耿直、豪爽、外向，性格特点使他们的语言声调变化相对也较少，这种语言环境下塑造出来的北方戏曲在曲调声腔上，不可避免地形成了慷慨激昂、苍劲悲凉、高亢明快、声嘶力竭、痛快淋漓的特点。

由此不难看出，地域文化是造就地方戏曲特征的主要原因。即便是在同一区域内，因为风俗、语言、环境的差异，也会在声腔腔调上发生细微的变化，出现小异大同的艺术风格。如淮海区域文化圈中的“柳琴戏”，体现的是该地区戏曲文化的特征，若从淮海区域文化圈内子区域文化上看，又可细分为淮海戏、泗州戏、柳琴戏等各具特色的文化特征，甚至具体表现在戏曲声腔、腔调的风格特色上。

总而言之，戏曲声腔艺术的形成，与老百姓的生活习惯、语言习惯、生存环境密切相连、息息相关。要想做一名令观众喜爱的柳琴戏艺人，就必须要深入民间，了解当地的习俗、文化，了解百姓喜欢什么演出风格，爱听什么曲韵腔调。正如毛泽东在《在延安文艺座谈会上的讲话》中指出："中国的革命的文学家艺术家，有出息的文学家艺术家，必须到群众中去，必须长期地无条件地全心全意地到工农群众中去，到火热的斗争中去，到唯一的最广大最丰富的源泉中去，观察、体验、研究、分析一切人，一切阶级，一切群众，一切生动的生活形式和斗争形式，一切文学和艺术的原始材料，然后才有可能进入创作过程。"

张金兰的柳琴戏表演之所以受到广大老百姓的喜爱，也是由于其深入民间的生活阅历有关。自幼年起在郯城民间艺人圈子的历练，让她熟练掌握了柳琴戏的基础腔调，并将数量众多的"篇子"烂熟于心；之后因生活所逼，来到柳琴戏的交流中心徐州，在此接触到了大量优秀的柳琴戏艺人。善于学习归纳的张金兰在与徐州艺人搭班的过程中，结合自己的嗓音特点，观摩融合，充分发挥自己的嗓音优势，只是此阶段的唱腔仍不免刚劲之余、柔绵不足，对花旦青衣的细腻情感表达略显欠缺。然而此次来到运河镇姚树仁的柳琴戏班社搭戏，班社中南方艺人居多，让其有了将南柔北刚的柳琴戏曲调加以融合的机会。可以说，此次南腔北调的融会贯通，恰到好处地为张金兰的柳琴戏表演起到了取长补短的效果，也正是这一次的搭班唱戏，让张金兰的柳琴戏演艺事业又达到了一个新高度。

1950 年底，张金兰夫妻开始在这个汇集了南北两派柳琴戏名角儿的班社演出。夫妻二人妇唱夫随，以多彩的唱腔、百变的形象，将柳琴戏演绎得勾魂摄魄。

《丝鸾记》中，她是千金小姐侯美容，他是风流倜傥的小生龙官宝。张金兰的华丽婉转、百变多彩的花腔巧调配以邵瑞武的浑厚圆润的演唱，声声入耳、腔腔醉人地为戏迷观众们驱走严寒，带来了精神上的无限春光。

《喝面叶》中，她是能干的农家媳妇梅翠娥，他是忠厚中透出懒散的农家丈夫陈世铎。剧中心思巧妙的梅翠娥利用装病改变了好吃懒做的丈夫陈世铎。媳妇装病时的机灵，丈夫手忙脚乱做面叶时的笨拙与狼狈，令观众喜不自禁，同时寓教于乐。

《三击掌》中，她是忠贞不二的王三姐，他是嫌贫爱富的王老丞相。他将父亲背信悔婚的固执可恼演绎得丝丝入扣；她把娇娇女儿家的忠贞不二表现得毅然决然。两人真实自然的表演让观众戏迷们明情辨理，恼其所恼、伤其所伤。

《状元打更》中，她是奋起抗争的少妇刘月英，他是小人得志的沈文素。面对变心丈夫，她柳眉高挑、唱腔激越。最终以昂扬的气势、坚韧不拔的精神诠释出了为人妻的女豪杰之宽宏大量；他仰俯承转，以诙谐幽默、卓越不凡的唱功将富贵弃妻、失势求妻的小丈夫演绎得活灵活现，令人怒其不争。

随着春节的临近，凛冽的东北风让四周毫无遮挡的戏场变得冰冷异常。身着单薄戏服的张金兰置身于光秃秃的舞台上，演出时因注意力高度集中，即便是冷也还能够挺住，可下了舞台，彻骨的寒冷便肆无忌惮地袭遍全身。而台下揣着袖、跺着脚坐在观众席上的戏迷们亦被冻得脸色发青、手脚麻木。他们既舍不得热闹好听的柳琴戏，又被冻得坐立不安，留走两难。最后身强力壮的戏迷们勉强还能硬撑着继续看戏，身子单薄的观众们就只能一边搓手跺脚，一步三回头地离开戏场。

观众的迅速流失，让依靠票房保障收益的柳琴戏班社领头人心急如焚。为了让柳琴戏演员有个背风的舞台唱戏，也让观众免去观戏的风寒之苦，班主姚树仁找到了当时运河镇工商联和当地居民，当即决定由本地居民杨君益牵头，采取入股提成的方式在镇东头紧靠运河岸轮船码头下面建造一座戏园。

戏园于1950年12月正式建成使用，整体呈东西方向，大门向南，舞台台口面向东。园子周围用秫秸夹成篱笆墙，是露天的场子，场子里安有长木条钉的凳子，共二百多个座位。舞台则是用碌碡支着门板拼成，上面又堆放一层土，台子上方盖了一个草棚子。舞台后面有两间化妆室，也是草屋。除了戏园经理杨君益，还有一人负责服务。另外还雇了一个茶房，不算戏园职工。

剧团演戏由园子负责售票，除了售座位票，还要售站票，二百多个座位票加上数百人的站票，戏园子最多的时候能容纳五六百人。当时戏园子属私营性质，票价每张最高2千元(旧币，相当于20世纪80年代2角钱)，最低1千元。戏院管理与柳琴戏班社按比例分成，开始园子提成15%，剧团提85%。刚开始的时候，姚树仁与戏园子签订了长期演出合同，后来戏园子从营业的角度考虑，偶尔也允许本县京剧团或别的剧团来此演出。但这些戏班只做短暂停留，为此，该戏园子除了姚家班之外，并没有别的固定演出团体。这时候，戏园没有命名，因为紧靠运河堰，老百姓就按照地域名称，称之为“运河戏园”，又因其主要演出柳琴戏，所以百姓们也称之为“小戏园子”。

1952年春，邳睢县大部分地区划归邳县，包括原属于邳睢县的土山镇、运河镇、八义集镇等。姚树仁的戏班也改由运河镇政府管理，改名为“人民剧团”，姚树仁是团长。此阶段，人员进出自由，因为各种原因，张金兰同丈夫一起离开了此地，辗转来到窑湾镇继续演出。

因为有了名扬“运河镇”的演出做铺垫，张金兰在窑湾的演出顺风顺水。这一时期，她吸收借鉴了南乡艺人的糯、柔、软的演唱风格，使自己的柳琴戏演唱技艺既有了北调热辣铿锵的感染力，又有了南曲委婉柔顺的抒情感。精湛的技艺，再加上与丈夫邵瑞武绝配搭档演出，使张金兰的演艺路冲向了一个小高峰，观众对她的喜爱程度与日俱增。

随着夫妻搭档的默契度增强，张金兰“声、腔、念、形、神”完全贴合当地大众审美趣味的柳琴戏表演被越来越多的观众接受、喜爱并四处宣扬，她的名声逐渐响彻窑湾的大街小巷，随着演出邀约和报酬的水涨船高，张金兰的演出价格一路飙升，夫妻二人的收入也节节攀升。为了日后的发展，夫妻二人商量着购买了旦角和生角的服饰、头面等行头，也购进了当时彰显时尚和身份的柳条编制的大行李箱。

就在年轻的小夫妻柳琴戏演艺事业风生水起的时候，中华人民共和国成立之后的第一次戏改浪潮奔涌而来，并不断向各个地区延伸。

这种“具有革命性意义”的转变首先是从拉魂腔班社到柳琴剧团的转型，首当其冲的自然是所有制性质的变化。班社，私有制戏班的代名词，一个戏班必然有一个领班人，我们称之为班主。由于是班主带头组建了班社，因此戏箱、锣鼓、家什等器具都归班主私人所有。而中华人民共和国的剧团，首先革除的就是私有制，这就出现了“戏箱入公”的变革。班社中的全部设备统统改为全体成员集体所有，建成集体所有制的民间职业剧团。很显然，“戏箱入公”侵犯到了当时私人班社中班主的切身利益，毫无疑问会遭到抵制与抗拒。

在旧戏班中，班主自己拥有戏箱和招募艺人等权利，一般情况下，班主会从唱戏收入中提前按比例提取戏箱成本，再扣除各种消耗与损耗，剩下来的收入方可实现商定的按股分成，也就是按比例分配。这样的收入分配形式必然会造成班主、主角、伙计之间的收入差异，班主在这种分配形式下占绝对优势。为了缓解“戏改”与班主之间的矛盾，在改革过程中政府尽量保留了班主在班社中的领导位置，在经济上也给予了适当的补偿。

> 对于这样的做法，有的班主思想开明，能够积极地配合接受，但是也有相当一些班主因此产生了消极的抵抗情绪。个人的情绪终究不能阻止改革的步伐，戏班私有变公有的变革有条不紊地迅速进行着。[①]

随着戏班性质的变化，班社内部艺人的地位与收入分配也发生了变化。剧团成立之初，原来的班主因丧失了对戏班所有权的控制权，自然而然的成为了剧团内普通的一员。尽管有些班主鉴于其在观众中的广泛影

---

① 孔培培：《腔里拉魂：从拉魂腔到柳琴戏的传承与变迁》，文化艺术出版社 2009 年版，第 174 页。

响，继续在剧团中保留某种职务；但收入的分配，已经由原来按股分配的老规矩，变成了售票经营，民主商议分配比例的新形式。

这是一场让诸多民间柳琴戏艺人亦喜亦忧的改革，也正是这场具有历史颠覆性的戏改，将张金兰悄无声息地推上了一个更高的柳琴戏表演平台，使其成为柳琴戏艺术舞台上享誉一方、万众瞩目的大“明星”，也成了柳琴戏发展史上举足轻重的表演艺术名家。

纵观张金兰青年时期的柳琴戏表演艺术之路，从徐州到新沂、再到窑湾的演出历程，成为她柳琴戏演艺事业上极其重要的磨炼。

在徐州与众多名角儿搭戏的碰撞与竞争激烈的生存环境，“迫使”她从唱腔到表演上进行了多方面的改进完善和创新；而在历史大环境的驱使下走向新沂、窑湾等地的频繁演出磨炼，则给了她对尚不成熟的唱腔艺术风格“反刍”的时间；特别是在姚树仁的柳琴戏班社演出期间，南北柳琴戏的同台混搭，让其有了再次完善融合唱腔的机会。此一时期，张金兰在自己原本清脆响甜的唱腔风格中，融入了南调的委婉与柔媚，使特色鲜明的“张氏唱腔”愈加丰满。

那时那地，备受观众喜爱的张金兰与丈夫邵瑞武携手，在柳琴戏表演舞台上风生水起，风光无限。如果长此以往地发展下去，或许两人会像季良奎、王素琴等名角儿一样，购置行头组建成自己的戏班。但是谁都无法预测未来，更无从知晓历史滚滚前行的车轮会在下一刻碾向哪里。

张金兰或许怎么也未曾预料到，中华人民共和国成立后的首次戏改浪潮，便将其推向历史文化底蕴深厚、名人辈出的沂州城。

第三章

载　誉

投身到家乡剧团的怀抱

张金兰回忆："当年差点去了徐州的柳琴剧团，人家给的车马费都收了，可是临沂这边有几位领导诚意邀请，最终还是来到了临沂，又把徐州的钱和着一份歉意退了回去。在临沂这一住下，就再也没有离开……"①

20 世纪 50 年代，对于具有中国传统音乐最高典范意义的戏曲艺术而言，是一个不同寻常的时代。以中华人民共和国成立为起点，延伸到 20 世纪六七十年代，短短 30 年的时间里，中国戏曲上至昆曲、京剧这一类大型成熟的剧种，下至千姿百态的地方小戏，都发生了有史以来最为显著的转型与变革。毋庸置疑，中华人民共和国的成立，为中国的历史翻开了新的一页，也为中国戏曲界翻开了新的一页。

"自拉魂腔产生至成立前夕，拉魂腔这一民间小戏的生存游离于政府

① 作者采访记录。

文化体制以外，长期处于自生自灭的状态。从功能上看，拉魂腔具有的功能意义也是单一的，仅仅指向演与看的民间娱乐功能层面，“栓老婆橛子”的称谓是拉魂腔娱乐功能的最好体现。从演出内容上看，拉魂腔传统剧目或表现风趣幽默的农村生活、或宣传忠孝节义的传统理念，并不具有为某一政权服务的宣教功能。”[①] 从中华人民共和国成立之初，拉魂腔与新政府的关系达到了前所未有的密切程度，柳琴戏随着戏改一步步壮大成长，从寓教于乐的民间串演形式走向了承载着对人民群众宣传、教育与娱乐的多功能官方演出形态。

1951 年 5 月 5 日，中央人民政府发布的《政务院关于戏曲改革作的指示》[②] 称“中国戏曲种类极为丰富，应普遍地加以采用、改造与发展，鼓励各种戏曲形式的自由竞赛。戏曲艺术的“百花齐放”，尤其是民间地方戏中的“小戏”，其形式较简单活泼，容易反映现代生活，并且也容易为群众接受，应特别加以重视。今后各地戏曲改革工作应以对当地群众影响最大的剧种为主要改革与发展对象。为此，应广泛搜集、记录、刊行地方戏、民间小戏的新旧剧本，以供研究改进。在可能条件下，每年举行全国戏曲竞赛公演一次，展览各剧种改进成绩，奖励其优秀作品与演出，以指导其发展。”[③]

> 1952 年文化部要求全国各地开展剧团普查与登记时，要求确定戏班、剧团所演出的地方戏的剧种归属，调查表的“说明”中特别强调“演出剧种”应详细填写京剧、评剧、川剧、楚剧、越剧等或大鼓、相声等，不得笼统地填写。地方戏、曲艺受此影响，为地方戏命名成为一时之风尚。[④]

---

① 孔培培：《腔里拉魂：从拉魂腔到柳琴戏的传承与变迁》，文化艺术出版社 2009 年版，第 184 页。

② 简称“五五指示”。

③ 余从、王安葵：《中国当代戏曲史》，学苑出版社 2005 年版，第 15 页。

④ 傅谨：《新中国戏剧史》，湖南美术出版社 2002 年版，第 77—78 页。

因拉魂腔的主要伴奏乐器是柳琴，1952 年，流行于徐州以东的苏鲁一带的拉魂腔正式定名为柳琴戏，而流行于安徽淮河两岸的拉魂腔正式定名为泗州戏。

1953 年 1 月 29 日，随着《文化部关于整顿和加强全国剧团工作的指示》的文件指示精神，文化部对全国的剧团登记和整编工作全面开始。

整编后的徐州柳琴戏剧团开始紧锣密鼓地在民间招收知名的柳琴戏艺人。作为徐州观众喜爱的柳琴戏名角儿，该剧团的领导非常希望张金兰能重返徐州，为新成立的剧团增加人气。为此，领导班子为了显示诚意，连车马费都贴心地为张金兰夫妻二人准备好了。

与此同时，临沂地区在同年 4 月经地委、行署批准，组建成京剧团属下的柳琴戏演出大队，对外演出时称“临沂专区柳琴剧团”。剧团成立之初，曾派专人到郯城红花埠招聘了 15 名艺人，其中有就有名震乡野的柳琴戏名角儿张金兰和丈夫邵瑞武，同期获邀的还有李春生、尹桂霞、宋月英等民间柳琴戏艺人。

1953 年早春，张金兰的郯城老乡兼柳琴戏同行刘彦忠，受临沂专区柳琴戏剧团所托，来到窑湾，代表“临沂专区柳琴戏剧团”郑重向张金兰夫妻提出邀请。

刚刚收下了徐州柳琴戏剧团车马费的张金兰，面对双方的邀约，不免有些犹豫。徐州是其唱响的地方，熟悉的舞台，热情的观众，选择徐州柳琴戏剧团，她可以坐享其成，前途明朗。而临沂地区虽然是张金兰的家乡，对其来说却是亲切而陌生的。且在此之前，张金兰从没有去过临沂。临沂的观众是否能够接受和欣赏自己的柳琴戏表演风格，尚不得而知。

然而故土难离，张金兰带着对家乡的热爱与眷恋，毅然决然地退掉了徐州柳琴戏剧团送过来的车马费，答应了临沂专区柳琴戏剧团的邀约。

值得一提的是，此次临沂专区柳琴戏剧团的演出邀约是短期的，时间暂定为两个月。也就是说，那时张金兰并无十足的把握能留在临沂专区柳琴戏剧团。仅仅凭着对自己表演技艺的自信和对家乡的热爱之情，便果断地做出了选择，这对当时年纪轻轻的张金兰来说，实在值得敬佩。

为此，邵瑞武曾专程跑了一趟临沂，在与临沂柳琴戏专区剧团的相关负责人员商定好演出时间与演出期间的报酬后，返回窑湾，将张金兰接到了当时的临沂县城。

花信年华的张金兰以一位旅人过客的身份首次踏入临沂，却从此用炉火纯青的柳琴戏表演艺术将自己的名字镌刻进了临沂文化发展史，成为一个时代老百姓精神文化生活的重要标志。其经典名段《王二英思夫》在20世纪五六十年代曾让多少男女老少又哭又笑、神魂颠倒；其嘹亮卓越、婉转悠扬的柳琴戏演唱又曾经让多少蒙山之巅、沂水两岸的临沂戏迷梦牵魂绕，难以忘怀。可以这样说，张金兰来临沂之后的亮嗓一唱，不但唱出了柳琴戏表演艺术发展道路上的高潮迭起，也唱出了蒙山沂水间诸多戏迷的传说与故事，更唱出了自己在柳琴戏演艺事业的巅峰期。

1953年早春，对张金兰和丈夫邵瑞武来说是一个崭新的开始。他们低调又欣喜地来到临沂，带着“流动演员”的标签，没有剧团的编制，只有暂定的工资。尽管如此，依然让长期在外漂泊的张金兰有了回家的感觉，有着一种返家般的亲切与激动，她与丈夫邵瑞武联手，为临沂的父老乡亲送来了一场又一场拿手好戏。这位离“家”多年的女儿以出众的演出技艺为家乡献上了一份厚礼，也为刚刚成立的临沂剧团带来了无穷的活力与希望。

时光在春的旖旎与冬的萧瑟中，翻转腾挪着越过了65年。

2016年的早春，90高龄的张金兰先生神情安详地坐在透窗而入的阳光中，微眯着眼睛回忆起了在临沂演出的第一场柳琴戏，那是在考棚街的老“新新剧院”中，锣鼓喧天的异地首演“炮戏”宣传，穿着戏服的工作人员抬着标有“张金兰主演”的牌子，人山人海的柳琴戏观众，响彻云霄的叫好声似还在蓝天白云间流连回响……

临沂的考棚街东起沂州路，西隔沂蒙路与洗砚池街相接，长 530 米，由清代考棚而得名。据《临沂县志》载：考棚，又称考院，是科举时期考试生员的地方，至今已有 250 年的历史。这条短短的东西路见证了百年间无数考生的悲欢人生，同样，也留下了一代人对柳琴戏热热闹闹的观演记忆。20 世纪 50 年代初期，考棚街名角聚集、热闹繁华，张金兰第一次演出的旧“新新剧场”就位于考棚街 10 号，是临沂城内第一家售票营业的剧场。

长筒子草房，褐红色的土墙与地面铺陈的暗红的土砖相互映衬，长条形的木凳由窄窄木板条钉成，呈直线一溜儿排开。一条木凳能坐五六个人，一长溜儿的观众席大约能坐几十位观众。舞台没有扩音设备，靠的全是演员高超的发音技巧和扎实的基本功。

就是在这样简陋的环境下，张金兰用自己精湛的柳琴戏演唱技能，将“新新剧场”变成了戏迷们的柳琴戏乐园，在这所小小的剧院内，闻名前来听戏的老百姓多的时候能聚集千把口子人。张金兰先生至今清晰地记得，在旧新新剧院内演出的第一出柳琴戏，是自己最拿手的《王二英思夫》[①]。

该场戏以唱为主，整出戏的演出时间长达 120 分钟之多，其中长达 40 多分钟的“绣楼思夫”唱段，成就了张金兰先生柳琴戏表演艺术生涯中的经典。或许因为与之配戏的是夫君邵瑞武，张金兰演唱“相思诉说”这一段时用情颇深。她根据自己的嗓音和演唱风格，灵活运用真假声，合理安排适合人物感情的花腔，利用衬字、虚词，不但惟妙惟肖地表现出了一位青春少女思念夫婿的复杂、细腻感情，也在充满泥土香的唱腔唱词中，活灵活现地展示和升华了普通老百姓的日常生活片段，使百姓戏迷听之亲切、观之自然。

舞台上的妙龄闺门女王二英，面对庭院里的诸般春景，却无心赏观。在她的眼里，原本春风旖旎、杨柳飘飘的美妙景致，变成了杨花乱转、春

① 又名《摔镜架》，是传统剧目《玉杯记》（又称《八义双杯记》）中的一折。

风闲扯的烦乱场景，就连黄莺的叫声似乎也变得朦胧恍惚、不甚喜人了。只是闺门女王二英为什么这样无精打采？张金兰只用一句“思想张廷秀，每日常挂心”的婉然道白，便将“金屏昨夜空”引发的相思之苦一览无遗地为观众展现出来。

王二英（念白）：思想张廷秀，每日常挂心。奴家王二英，思想我家二哥南京赶考，一去三年书也没捎，信也没传。不思想起二哥还则罢了，若要思想起二哥呀……

王二英：（起板）王二英打坐在绣楼以上（啊），忽然想起俺二哥知心的人（啦），你上南京前去赶考小少老爷（啊），呀……啊……

你书信不捎（噢唉）想坏钗裙（哪），想坏钗（呀啊）裙（哪哎啊唉）【尾音】。

从“叹”到“诉”。开场“王二英”的第一声叹息，婉转深情，凄美动人，引起了不少女性观众的共鸣。随后张金兰以散板清唱连板起开头：“王二英端坐在绣楼以上（咿啊），忽然想起了二哥知心的人啊……”这两句道白清丽委婉，道出了让这位小女子饱受相思之苦的“二哥”知心人。至尾句“你咿呀……啊……想坏钗裙啊想坏钗呀啊裙（那）……咿呀哎啊”，此处再以小七度大跳花腔，辅以含羞掩面、甩袖转身等形体动作，不但准确无比地将王二英独坐闺楼，思夫不见的苦闷惆怅和急切盼归的内心情绪展现出来，更是将“娇慵未洗匀妆手，闲印斜红”的场景进行了淋漓尽致地渲染。

王二英：王二英来泪涟涟（哪），
送二哥啊到花园，
一伸手我拉住马嚼子，

我问俺二哥你早晚回还（哪）？
（哎呀）有二哥，便开言：
“尊二妹，这么听我言。
要问二哥早晚回家转（啊），
那还得十个日子盼回还（唵）。
（这）初一想啊，初二盼，
初三初四我没见还。
五六七天怎么不来了（哇），
八九盼到整整十天（啊唉哎【尾腔】）。
十个日子我没盼到（啊），
不知早晚他才回（呀）还（啊）？
闷闷无语（啊）坐绣闺，
闺阁兰房泪双悲，
背里我不住流着泪（啊），
泪湿罗衣改变（那）色（颜色）（呀）。
甚是相思，（哎呀）奴难受（啊），瘦坏容颜粉面黑（哎）。
黑漆漆盼郎（啊）怎不到（的啊）？
倒柳荷花也不相随（呀），
也不相随（呀唉【尾音】）。
莫非你随行招妻把我（来）闪（啊），
（啊）只闪得我床寒枕冷守空帏。
想起来为人还有几个年轻少（啊），
（我的个亲娘）（啊）
少年的风流是谁能让谁（呀啊唉【尾腔】）。
正月锣鼓闹声喧（啊），
家家的小女盼新年。

人家有郎才把年来过，

王二英无郎我还过的个什么年（啊）？

（加快）王二英，泪涟涟，

盼二哥，不回还。

无人处我掉下伤心的泪，

起二月盼到三月初三（啊唉【尾腔】）。

四月里头麦秀齐，

对对紫燕戏莲池，

戏来戏去都成对，

（我的天老爷）王二英没有个鸟欢喜。

（哎呀）王二英，泪兮兮，

盼二哥，（哎呀）怎不回迟?

无人处我掉下伤心泪，

起五月盼到六月初一（啊咿呀唉【尾腔】）。

七月里（啊）立了秋，

对对紫燕越南楼。

南来的鸿雁根儿嘎叫（啊），

它越叫二英我是越犯愁（啊）。

王二英（啊）泪交流，

（怎么）盼二哥不回途。

无人处我掉下伤心的泪，

起八月我盼到九月初九（啊唉【尾腔】）。

十月里立了冬，

龙天爷他不住（哎呀）起寒风。

请来巧手拙木匠，

他修张帏屏半张空。

扯来三幅子红绫被，

（哎呀）（是）幅半盖（㖞）（是）幅半空。龙天爷，他（呀）起了风，

这红绫被也不搪风。

奴家睡到半夜里，

直冻得二英金莲疼。

叫声丫鬟，你给我生（音：申）炉子（啊），

生炉子给我烘一烘（呀）。

人都说火炉子倒比俺丈夫热，

（这怎么）（吆哎呀啊哎呀）是怎么叫她十声九不答应，

九不答应谁（啊咦【尾腔】）。

恼一恼蹬倒火炉子（啊），

烤什么烤来烘得什么烘。

（啊）王二英，我泪双倾，

（哎呀）盼二哥怎么回城。

无人处我掉下伤心的泪，

十一月我盼到（哎呀）腊月中（啊唉咦【尾腔】）。

十三个月是闰月年（啊），

（啊）王昭君（是）和北番。

把琵琶放在鞍桥下，

她放声哭到（是）雁门三关（啊哪唉唉）。

头一个年头没盼到我的二哥（唉唉唉唉），

第二个年头（呀）盼盼夫难（啊），

盼盼夫难（啊），盼盼夫难（啊啊那呀哎唉唉）！

我的个二哥（㖞呀嗯啊哎）！

12个月的相思之苦，被张金兰用深沉舒缓的【慢板】演唱得如泣如诉。一年又一年“期望、盼望、失望”的轮回，令女主人公王二英郁积在心中的寂寥和思念像决堤的洪水，由缓至疾地奔涌出来。特别是当唱到“盼盼夫难啊，盼盼夫难啊，盼盼夫难啊啊那呀哎唉唉！我的个二哥来呀嗯啊哎！”情绪由郁闷转为焦躁，此处以【掉板】反托王二英的情绪变化，腔词逐渐加快，如暴雨敲铁板，迅疾却清晰不乱，每一腔听着独立，却又在落低后迅速弹起接住下一个高起。也就是刚刚一个迸发的小高潮下来，让紧张的观众稍微松了一口气同时，紧接着又冲入到下一轮情感爆发的高潮中。

王二英： 正月里（是）插樱桃长街去买（哎），
二月里端阳节来（啊啊唉唉）家家带艾（啊唉唉）。
三月里牛郎织女（啊），
四月里下严霜把百草打坏。
五月里头是交冬数九（啊），
六月里下大雪铺满长街（呀）。
七月里星全高挂，
（啊呀）八月里（怎么）贴门神放响炮新年才来（啊唉咦【尾腔】）。
九月里风摆杨柳（啊），
十月里桃杏花开。
十一个月（还是）麦秀蚕老（啊），
（哎呀）腊月里（怎么）三伏天，
热死奴晒死奴，
卖扇的你怎么不死来的（啊唉唉咦）。
第二个年头我也没盼到，
第三个年头我给他正过来。

正月里想（啊呀）二月里盼，
三月四月我没见还。
五六七月（是）不来了，
（是还）八九盼到十月天。
十一月不来你是不来了，
小少老爷我盼到腊月又够一年哪啊唉【尾腔】。
盼丈夫盼到三十七个月，
我连着闰月掐指一算又够三年。
三个年头我也没盼到，
俺不知早晚才回还（呀）。

当唱到“（哎呀）腊月里怎么三伏天，热死奴晒死奴”时，语气由激动转为焦躁，其中“热死奴晒死奴”完全借鉴了江苏柳琴戏的白口，糯软中透出丝丝的焦躁。这种巧妙的唱腔变化，既显示出了王二英意识错乱后的语言无序，又用南音的软糯，为其相思情绪化入了女性的娇柔。随着下一句邻家妹妹式的撒娇语气“卖扇的你怎么不死来的（啊唉唉咦）”，再次将王二英拉回了蒙山沂水间，至此，心情烦闷的相思女已然无法静坐，她站起身来，走到了楼梯口。

王二英：（啊）王二英我是站楼梯，往下看楼下来了两只鸡，那公鸡含着一个蜀黍穗（啊），它是叽叽咕咕的唤母鸡，公鸡就在（啊）头里跑，那母鸡后面紧跟着，倒把公鸡赶急了，（啊）那个公鸡，它二翅一腾扑扑楞楞楞楞楞飞到屋脊（啊唉唉啊咦），公鸡飞到屋顶上，往下看（还）闪得母鸡愣愣的。

开言没把旁人怨，我开言怨声个死公鸡。这死公鸡，你个该死的，为什么它问你要吃你怎不给它吃（啊唉唉唉）。

这一段的演唱称得上是整场戏的精髓之所在，犹如点睛之笔。当王二英盼夫盼得四季颠倒、心灰意懒时，起身移步到窗前，忽然看到楼下有公鸡和母鸡争食："那公鸡含着一个蜀黍穗啊，它是叽叽咕咕的唤母鸡，公鸡就在啊头里跑，那母鸡后面紧跟着，倒把公鸡赶急了……"

这样一个农家人司空见惯的场景让王二英触景生情，并催发了内心压抑的强烈情感。这时候，随着"那个公鸡，它二翅一腾扑楞楞楞楞楞……飞上屋脊"的滑音小腔，舞台上的张金兰屈膝下蹲，手势由低到高指向屋脊，把公鸡飞上屋脊的形态表现得栩栩如生，不但让戏迷们身临其境地看到了一幅鸡飞狗跳的农家生活画面，也将情绪不稳定的王二英迁怒于鸡的画面，活灵活现地展现了出来。

王二英：王二英，我（是）站楼堂（啊），
手拿金簪我（是）来画墙（啊）。
我二哥一天不来我画一道（啊），
两天不来我画一双。
十成半月不来家，
我三间花楼画满了墙。
要不是我的爹娘管得怪紧（啊），
我也能起花楼画到（哎呀）大门旁（啊唉唉）。
画墙画得是金簪短，
掐纹掐得我手上长疮。
俺二哥一天不来我是不吃饭（呐），
两天不来我也不喝汤。
十天半月他也不来家我的个天老爷，
我奄奄颤颤病在了床。

我一步也不超半砖地，
这两步还在砖当央。
（哎）未行动，这把扶着墙（啊），
肝乎打得我是肠子响（啊）。
咳嗽一声血腥子气，
饿得我前心贴在后墙。
我奄奄颤颤得了病，
那一天我的娘她叫二英我下厨房。
到厨房和好了一块面，
往外看来了俺二哥知心的郎。
我这里“意了无征”[①]摸一把（呀啊），
我的亲娘啊，我把那锅贴子糊在那是门框上（吆唉唉）。
我的娘一见心生气，
她把我拿把锁锁在高楼上（啊唉唉）。
王二英来（啊啊），我（呀）做梦（啊）多（唉唉啊啊）。
（啊）又梦见，在楼下来了我的二哥（啊）。
慌得我描花腕儿拉住写字的手（啊），
我把那胳膊搭在郎君的脖（唉嗨唉）。
手挽手咱把绣楼上，
描花腕儿才把椅子拖。
拉把交椅你落座，
慌得我拿茶给你喝。
茶罢了三杯落凤盏，
我腰勒围裙厨房里挪。

① 方言，意同恍恍惚惚。

到厨房（是）刷刷大锅添上了水（啊），

这小锅熬菜馏馍馍。

把菜熬有好几碗，

馍馍馏有二十多。

我把菜饭来办好，

慌忙我就往托盘上搁。

上高楼，我忙摆上，这一双盅、一双筷，

没有人陪着俺二哥你喝呢。

我有心陪着俺二哥吃一顿饭（啊），

我怕俺爹娘知道会嚷我（啊呀唉【尾腔】）。

我二哥不在我不吃半碗饭，

俺二哥来家吃馍馍，

王二英我不吃十个吃它八个（啊呀哎【尾腔】）。

吃饭吃得天色晚，

这我上暗间去叠被窝。

铺上褥子理上被，

两个枕头就往一头搁。

我待床铺来拾好，

（啊）我上明间去请哥哥。

哪料俺二哥没要请，

我的二哥呀，咱们知心话儿还说一说。

你上南京去赶考啊，

我说二哥呀，你一去三年（还）忘了我！

狠一狠咬你几口肉，

（怎么）我一见（嗨咦嗨哟），

我一见，你这个模样疼死我（呀嗯）。

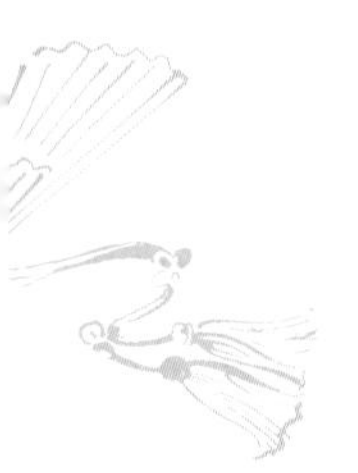

“金簪画墙”和“锅贴子糊门框”的错乱行为，在无奈心酸和乡土式的幽默中将这位相思成疾的女子那质朴、热烈、浓得化不开的情感推向了高潮。该唱段的前半部分，腔里调中皆是哀怨、苦闷；可当唱到梦中心上人回转时，腔调便犹如拨开乌云见月明一样，变得轻快、喜悦，特别是最后的“嗨咦嗨，吆咦吆，嗯哎嗨吆”，把王二英对爱情的憧憬，以及毫不掩饰的欢喜表现得妥帖无比。

王二英： 俺二人拉不尽的知心呱（啊），
俺又听狸猫钻被窝。
惊醒我还是做的梦，
还是个狸猫怀里抱着。
王二英一见心生气，
把狸猫扳在地平坡。
回头我往帏屏看，
（这）红罗宝帐卧俺哥哥。
把二哥抱在我的怀内，
抱在怀里叫哥哥。
连叫几声他不言语，
我仔细看还是个枕头怀里抱着。
一没长鼻子二没长眼（哪），
三没长大腿少胳膊。
浑身没有人模样，
怎么跟二哥把话来说。
王二英我一见心生气，
我把剪子顺手摸，我把剪子来拿过，

我哧嘎哧嘎（啊）把枕头劐。

王二英劐害小豆枕，

俺想起来俺二哥来家还枕什么？

若是二哥回家转，

俺小两口子（啊）枕（哪啊呀）枕（哪）枕一个（了得好哇）。

转眼我往桌案上看，

有一个花撑子随手摸。

有一个花撑子来拿过，

我一来一往绣哥哥。

绣对鸭来绣对鹅，

又绣姜老和盖婆。

在那边绣上张廷秀，

在这边绣上王二姐。

我绣的叫蝈趴在青草上，

它吱咯吱咯把露水喝。

我绣着绣着花了眼，

我的亲娘呀，满上都是（啊）张二哥。

转身我往桌面上看，

梨花镜放在抽屉桌。

梨花大镜怀里抱，

抱在怀里照哥哥。

照来照去好几遍，

这里头只站着肌黄面瘦像疯老婆呀。

我今没见二哥的面，

我要你这些无用的东西做什么？

顺窗台、顺窗台摔坏梨花镜，
官粉就往楼下豁。
王二英我泪交流，
（啊）盼二哥，怎不回头的。
想你掐破指甲肉（啊哎）。
你上南京去赶考，
一去三年没回头。
王二英风流又蓬头，
等啊等二哥来家才解去我的腹内之愁（啊哎）。

从“爆发”到“失控”，张金兰用唱腔的快慢转换，将人物三年来郁积的思念情绪一步步推进。

整场戏的演唱从“思”到“诉”，由“诉”将郁积于心的相思之情引“爆”，最后由“梦”的美好与现实的绝望引发了王二英情绪的“失控”。整场戏中，张金兰通过对腔的渲染、词的倾诉，将情绪的转换不着痕迹地呈现出来，最后随着感情的递进，水到渠成地将整场戏推向了高潮。

谈及这场演出，张金兰先生神采飞扬，她老人家伸出四个手指头，说：“这一段戏四十多分钟，我唱的时候，满场没有一点动静，大家都在戏台子底下用心地听。唱完之后呐……大家都这样……”说到这儿，张先生像个孩子一样拍动双手，笑逐颜开地说：“当时大家全都在鼓掌哇……”

毫不夸张地说，张金兰则将这段脍炙人口的经典唱段《王二英思夫》演绎成了柳琴戏唱腔艺术的“聚宝盆”。其低回婉转、起伏跌宕、节奏鲜明的行腔几乎汇集了柳琴戏唱腔艺术的精髓，从【四句起腔】【平腔】【含腔】【停腔】【立腔】【柔腔】【撩腔】【射腔】【拉腔】【叶里藏花】到【雷对调】【一哟调】【跺板】【大调板】。她利用高超的演出技艺，不着痕迹地利用了各色唱腔中的情感韵味，对剧中人物波动较大的情绪进行了强化，使整场戏更加富有感染力。她还巧妙地将唱腔和唱词中的乡音俚语、衬词结合起来，有效地传递给观众一种亲切、震撼、共鸣的艺术效果，成功塑造了柳琴戏艺术表演中的经典人物王二英。这段被柳琴戏各地的演员们纷纷效仿的经典唱段，对丰富柳琴戏戏曲艺术具有举足轻重的作用。

毋庸置疑，张金兰在“新新剧院”的首场演出获得了巨大成功，慕名来听戏的观众越来越多。

张金兰夫妇在接下来的两个月中，全身心地立足草棚剧场的“大舞台”，接二连三为临沂地区的观众献上了拿手好戏《状元打更》《花园对诗》《喝面叶》等传统柳琴戏剧目，令戏迷大饱眼福，雷动的掌声不时穿过剧院的围墙，吸引着过路人驻足观望。

说起当年这次为期两个月的演出，张金兰先生记忆犹新：“当时每天两场戏，连续演出了两个月，能盛千把口子人的小剧场天天满堂！”

两个月转眼即逝，张金兰、邵瑞武夫妇如悄无声息地来一样，默默买好汽车票，他们收拾起简单的行李，准备离开临沂。但两个月的演出，已让她对这座小城产生了深深的依恋之情。

就在此时，临沂地委书记薛亭和地委宣传部部长田志祥获悉张金兰夫妻要走，并且已经到达车站时，两位领导人代表广大群众果断下了命令：留住张金兰！是的，在柳琴戏大队刚刚建立急需人才之际，作为能撑起柳琴戏大队演出的栋梁之材，张金兰不能走！

所幸的是，就在张金兰夫妻准备登车离开时，被两位领导安排的工作人员及时拦住了。风尘仆仆的“拦截”人员告知张金兰夫妇，两人已经被临沂专区剧团吸收为正式演员了。这个意外的消息，为他们带来了峰回路转的惊喜。

在旧社会，柳琴艺人的社会地位很低，他们大多居无定所、温饱不定。中华人民共和国成立之后，先期强大的社会改造运动，飞快集聚起了新的经济力量和文化力量。在迅速清理民间落后的迷信文化的同时，作为地方

精神食粮的戏曲也迅速分离出了它的旧有环境，进入新的发展时代。民间戏曲班社先“公私合营”，成立集体制剧团，再转换为清一色国营剧团，收入也由以前的班主分配制，变为通过集体评议的方式定级分配，演员们成为了真正意义上的剧团“主人”，并且有了“新文艺工作者”的称号。

“20世纪50年代初期，戏曲界把革命文艺团体中来的干部称之谓‘新文艺工作者’，把戏曲艺人成为‘旧艺人’。”①

“新文艺工作者”这个称谓对张金兰来说，意义非同一般。自6岁随父亲在乡间走街串巷，赶集撂地摊卖艺，到奔赴徐州搭班唱戏，她一直居无定所，像随波逐流的浮萍一样，没有稳定的收入，没有安全感。1953年4月正式加入临沂柳琴戏剧团，令其几乎在一夜之间结束了流动演出的生涯，成为了不用再为衣食担忧的“新文艺工作者”，不但在生活上有了保障，社会地位也有了很大提高。是党的新文艺政策让民间艺人获得新生，而生活与地位上发生的巨大变化，更加激发了他们对柳琴戏演艺事业表现出的忘我热情。

① 余从、王安葵：《中国当代戏曲史》，学苑出版社2005年版，第8页。

“新文艺工作者”的新成绩

> 张金兰说：“柳琴戏很受老百姓欢迎和拥护，那时候夏天没有舞台，就是小地棚子，上面下着雨，下面打着伞，音乐组也打着伞，演员在那唱，老百姓拿着卷煎饼，吃完了就在门口找个地方睡了。白天就来听戏，有的都听迷了，正烙着煎饼，听说演戏了，那了不得了，赶快把火砸死，赶紧看戏去。”①

1953年初冬，温暖的阳光投射在沂河澄清的碧波上，泼金洒银的水面伸展着身体，努力为跃动的光芒提供出更广阔的舞台。张金兰就如沂河上空的阳光一般，曲韵悠扬地为蒙山沂水间的广大人民群众展现着舞台上的风采。

新的环境，新的同事，新的观众。在这段崭新的岁月里，她从辗转于各地卖唱谋生的民间艺人，升华为国营剧团的正式演员，从此以后，演唱

① 作者采访记录。

柳琴戏不再是求生的“饭门”，而是职业，是其可以为之奋斗一生的事业。

张金兰先生在回忆这段岁月时，长长地舒了口气，随后她老人家语气欢欣地说，入团之初，临沂政府为她特定了丰厚的工资待遇，还为他们两夫妻分了房子，虽然刚开始只是一间宿舍，但她心里十分温暖。这一切都让她感到了前所未有的踏实，高涨的演出热情也被极大地调动了起来。

当时，25岁的她在柳琴戏表演方面已经形成了自己的特点，在【大调板】【四句起腔】【叶里藏花】等唱腔方面已经具有了鲜明的“张氏”风格。与此同时，人生的苦辣酸甜的品尝也让她对人物情感有了更加精准的把握和理解。带着成熟的演出技艺和身份转换后的激情，张金兰全身心地投入了临沂专区剧团的建设当中。

这一时期，新成立的临沂专区柳琴戏剧团已经成为正式纳入地方事业建制，属于自负盈亏、集体性质的国营县级剧团。政府对柳琴戏的内容进行了规整和创新，对唱腔、伴奏、舞蹈、服装、剧目等均进行了变革，柳琴戏艺术以崭新的面貌活跃在中国的戏曲海洋里。

1953年初冬，山东临沂专署文教科决定集中部分拉魂腔演员由文化馆统一管理，对剧目进行挖掘整理。刚组建的临沂专区柳琴戏剧团为了配合省里，派出老演员冯士选，李忠志代表临沂柳琴戏剧团参加了此次统计活动。这一时期，共整理出了柳琴戏剧目“一百六十多出，其中传统剧目包括：《金锁记》《仙花记》《西厢记》《七装》《大赶脚》《小机房》《酒楼》《锦香亭》《金凤》《红罗帐》《思春》《桂花亭》《铡美案》《西岐州》《断双钉》《钓金龟》《二贤》《灌药》《老幽州》《女中贤》《挡马》《劝嫁》《刺火棍》《反潼关》《樊江关》《大鳌山》《牧羊圈》《小割袍》《葡萄架》《磨坊》《卖线子》《梅龙镇》《红桥》《抱灵牌》《白罗衫》《北齐国》《二龙山》《东秦》《天文》《长生乐》《天门阵》《盗发》《打黄风》《打枣》《打瞎子》《打干棒》《大劈棺》《大锯缸》《大上寿》《大花园》《双换妻》《东迴龙》《北京》《南京》《东京》《对裙记》《分对裙》《休丁香》《三告》《卖宝童》《红灯记》《王宝钏》《万卷书》《升仙记》《钥匙记》《鱼蓝记》《五长旛》《北流水》《打灶》《结拜》《小赶脚》《八不凑》《御碑亭》《玉环记》《报花》《咋车子》《赠剑》《裁朵罗》《北平》《蓉花记》《砸蛮船》《四牌楼》《送京娘》《油山》《四劝》《四宝山》《四屏山》《三关镇》《小五台》《小雀山》《小鳌山》《小书房》《小燕山》《五反》《马棚》《珍珠衫》《黑驴驮尸》《秦琼别妻》《查钗记》《割肉孝母》《王婆骂鸡》《双生赶船》《芈建游宫》《八郎探母》《张彦休妻》《二堂放子》《贵妃醉酒》《冯茂变狗》《吕蒙正赶斋》《皮秀英四告》《张四姐下凡》《周公赶桃花》《刘秀走南阳》《秦雪梅吊孝》《兰瑞莲打花》《王定宝借当》《朱买臣休妻》《韩湘子出家》《刘金定下南唐》。

在这一百六十多出剧目中，经常上演的、剧本比较固定的大戏不多。老艺人有“出来进去十八出戏”的说法，这十八出戏的具体名称说法不一。临沂老艺人李忠志说的十八出戏是：《珍珠衫记》《四宝山》《金镯（记）》《玉环（记）》《丝鸾记》《桂花亭》《蓉花记》《状元打更》《西厢记》《锦香亭》《油山》《罗通扫北》《铁牌关》《红罗帐》《白罗衫》《点兵》《四告》《大花园》。

冯士选等人说的十八出戏中还有《仙花记》《罗鞋记》《四屏山》《八盘山》《西岐州》《三反》《五反》《周公赶桃花》《北齐国》等。[①]

为了让柳琴戏表演更加规范化，剧团领导还组织邀请了京剧团的同行们，让新加入的演员们有了与兄弟剧种交流经验的机会。满怀激情的张金兰向京剧团的演员们认真学习了水袖、出场等表演程式，将京剧成熟的演出技巧运用到自己的舞台表演，从而使自己的表演进入了更高的层次。

同张金兰一样，在表演技艺上不断提高的柳琴戏同事，带着风格各异

---

① 资料来源：《柳琴戏的前世今生》，中国文明网—临沂网网址：http://ly.wenming.cn/zt/2014/lqxdqsjs/。

的柳琴戏表演特色和火热的创作热情，投身于剧团忙碌的排练演出中，为剧团带来的《打干棒》《小书房》《大花园》《王三姐挖菜》《王二英思夫》《铡美案》《蜜蜂记》《大破洪荒》《花园对诗》《丝鸾记》《状元打更》《喝面叶》《三击掌》《回龙传》《雷宝童投亲》等多出优秀传统剧目。这一时期，临沂专区剧团柳琴戏演出大队的阵容已经非常正规，演员和工作人员近五十人。演出戏服从青衣花旦到生角彩旦一应俱全，演出乐器增加了扬琴、二胡、笛子、唢呐等，伴奏的专职人员有文场月琴师徐勤云（已故）、刘俊忠，武场有沙东福、沙东宣等。

据张金兰先生介绍，琴师刘俊忠十分敬业，与自己合作了几十年，两人配合默契，真正达到了“曲者嗓音含琴音，琴师也是唱曲人”。如果说张金兰声震沂蒙大地的柳琴戏妙音是“一轮明月高空挂”的话，那么刘俊忠如影随形的柳琴声就是“衬托月之皎洁的彩云”，烘云托月的伴奏让原本勾魂的柳琴戏更加出彩。

刘俊忠是临沂柳琴戏剧团的首批专职伴奏人员，自入团之初，就负责张金兰演出的伴奏工作。他凭借着高超的演奏技巧，紧跟演出节奏，几乎对张金兰唱腔中每一个小腔弯都能充分掌握；在演出中，每次都能用清脆的柳琴伴奏严丝合缝地把张金兰委婉多变的唱腔包裹起来，如同乐手、演员是同一个人。可以说，张金兰的精彩演唱，与这位技艺高超的琴师密不可分。

在柳琴戏表演中，无论是在民间班社还是剧团演出，乐队伴奏形式一直采用的是中国戏曲传统“托腔保调”的方式。所谓“托腔”，就是同演员的唱腔同步进行，演员唱到哪里，乐队就跟到哪里。并且在琴声的控制上颇有技巧，必须做到既不能盖过演员的嗓音，又能让演员清楚明白地听到乐队的声音，要紧紧地托住演员的曲调，以琴音助力、润色演员的演唱，使之音色音韵趋于完美。也可以说，是以伴奏的“托”，使演员演唱起来更轻松、更如意，发挥得更为得心应手。然而伴奏琴师要做好“托腔保调”并非易事。

柳琴戏戏曲的唱腔在近二百年的发展历史中，经一代一代的老艺术家们博采众长，精心设计，形成了丰富多彩、优美动人的腔调，这些花腔花调里的前倚音，后倚音，波颤音，切分音，上滑音，下滑音，符点音符三连音等应有尽有，比比皆是，十分繁杂瑰丽。同一段曲调不同的演唱者还会有不同的变化和差异，所以在伴奏上就十分困难。

如何做好柳琴戏的伴奏工作，首先，琴师在伴奏时必须要专业、细心、灵活，要熟悉唱腔，对演唱者唱腔中的每一个小腔弯都能够了如指掌；其次，演员在表演时要用腔里的感染力带动琴师走入戏中，这样才能使琴师跟着剧中人物的情感走；走入戏中的琴师注意力高度集中，其以自身敏锐的视、听感知，把握演员的一举一动，一声一腔，从而达到与演员的演出状态同心同步。

琴师刘俊忠几近完美的“托腔保调”伴奏，让张金兰精湛的柳琴戏表演“如虎添翼”，也让观众乐不思蜀。在将近一年的演出时间里，张金兰天天雷打不动的两场戏，场场爆满。特别是到了重大节假日，直接达到“一票难求”的地步。

当时“新新剧院”空间小、座位少，完全无法满足观众戏迷的需求。那时候，老百姓想看一场柳琴戏，没有熟人想买上坐票的可能性不大。为了买上戏票，他们天不亮就起来去剧院售票口排队，买到手的却往往是站票。即使这样，观众仍然心甘情愿挤在剧院最边上的后排，站着听一场戏。更有些远道而来的戏迷，坐马车、驴车，甚至推着独轮车前来过戏瘾。因为路途远，他们赶到剧院的时候，往往已经到了中午，买不上当天的戏票就只能找个小旅馆住下，因此带动了剧院边小旅馆的生意。很多时候，小旅馆都因为看戏观众人满为患。可以想象，远道而来的戏迷们，为了看戏，一两毛钱的住宿费，再加上两毛钱的戏票，这样的“大开支”却不能马上看上戏，那种心痒难搔的感觉可想而知。于是，就经常有戏迷锲而不舍地在小剧院门口徘徊，希望能碰到退票的观众。只可惜直等到夜幕降临仍毫无收获，只能站在墙外眼巴巴看着有票的观众入场听戏。

待到张金兰清、脆、响、甜的柳琴戏透过薄薄的土墙传过来，沮丧的戏迷犹如好酒之人嗅到诱人酒香，便干脆贴近剧院墙壁，竖起耳朵隔墙“蹭”起戏来。

墙内的锣鼓点子倒是“颇解人意”，骤然一停后，很快飘出邵瑞武浑厚圆润的柳琴腔，其拖拽着后音的翻高唱腔，一节一拍、一唱一叹，皆让“蹭”戏者心花怒放，情不自禁中跟着小声应和。

> 大路上来了我陈世铎，赶会我赶了三天多。想起来东庄唱的那台戏，赵子龙大战《长坂坡》。

这是传统柳琴戏剧目《喝面叶》中男主人公陈世铎出场的精彩唱段，是非常接地气的一场戏，在20世纪五六十年代的临沂城乡，可谓家喻户晓，人人能唱。

中国文化的最大价值，是顺自然、和自然、道法自然，完成人与自然的和谐。而有生命力永葆青春的艺术，大部分都来源于生活。许多传统剧目，都来自普通的老百姓生活，而戏剧在过去的娱乐功能属于次要位置，它主要承载完成的是对民众的教化功能。作为柳琴戏的经典剧目《喝面叶》，也在完成着这样的一个教化。好吃懒做的农民陈世铎，逢集赌博了三天三夜，他的妻子梅翠娥装病调教他。面对缺点颇多的丈夫，梅翠娥不离不弃，想办法让丈夫通过做面叶的辛苦，感觉到撑起一个家的不易，从而痛定思痛，改邪归正。这出戏也是张金兰和邵瑞武夫妻俩联手表演的经典剧目，剧中两人一正一邪、一美一丑，配合得生动活泼，颇富风趣。

> **陈世铎**（唱）：大路上来了我陈世铎，赶会赶了三天多。想起来东庄上唱的那台戏哟，有几个唱得还真不错。头一天唱的“三国戏”，

赵子龙大战《长坂坡》。第二天唱得《七月七》，牛郎织女会天河。

那个黑头的嗓子实在大，十里路以外都听得着。

有一个小旦装扮得好，外号就叫个“人人学”。小丑出来惹人笑，看得我世铎笑呵呵。

听罢了戏，饭馆进，我要了四两老酒喝。炒了一荤一个素，还吃了五个大馍馍。酒足饭饱心高兴，我要上赌博场里待几合。

头一回输了一吊五,二回输了三吊多。一吊五,三吊多，痛得我世铎直跺脚。回家吧，回家吧，老婆子在家等着我。

赶路热得我一身汗，肚子饿得实难过。紧紧腰，擦擦汗，我看看还有五里多。顺着大路走下去……

（白）：走啊！

（唱）：大路上来了我陈世铎。迈开大步走得快，大门不远眼望着。看别人烟囱都冒烟，为什么俺家未把饭来做？莫非翠娥娘家去啦？不会哟！（唱）她走俺家谁看着。想着想着来得快，为什么大门没上虚掩着？世铎我把门来进，我喊了一声梅翠娥。

邵瑞武的开场戏虽然隔着墙听起来有些飘忽，并不很真切，却也能让侧耳“蹭戏”的戏迷们心潮澎湃，如饮甘饴。此情此景，真应了那句“雾里看花爱花痴，隔墙听戏入戏深”的形象比喻。而剧院围墙内的土搭简陋舞台上，在现场观众一脸热切的期盼中，张金兰随着“呆呆一衣呆一衣呆呆”的锣鼓经走上了舞台。只见其腰间系着花布围裙，臂间挎着小竹篮，动作麻利、举止干练，完全变成了家里外头一把手的能干媳妇梅翠娥。

梅翠娥（唱）：大门里走出来梅翠娥。石榴开花红似火（咪喻喻）红似火（咪哎哎），梅翠娥（呀喻）梅翠娥头上（哎呀）戴（是）戴一朵（咪吆哎呀）戴（是）戴一朵（咪呀哎咿呀咿呀咿啦啦啦哟喂咳咳哟喂哎）。十七八闺女她把花来戴，小媳妇戴花人笑我。（唵）过五月，（啊）到六月，六月里更比那个五月里热（哎）。

今年小麦子收成怪好（哇哎哟嗬哟唵哎哟个哟），梅翠娥家里我就蒸馍馍。细白面来（啊呀）好面馍，留给俺的丈夫他叫陈世铎（呀唵嗯）。

他到那东庄上又去赶会（唵），他一去（哪）就是三天多。家里的事情他也不管，里里外外全都靠我。

到了清早我还得下湖去锄地（唵），（哎呀）到上午我还得给驴把草割。我是又洗衣服（哎呀）又做饭（啦）。（哎呀）到晚来月亮下面纺棉花（唵哎呀唵嗯），我还替南院的大娘做了一条裤（哩哎哟哎哟），又教会（哪是）几个大姐（哎呀）扣花棵（呢哎呀）扣花棵（呢嗬儿哎嗨嗨哟 哼哎咿呀唵嗯）。我在家一天里忙到晚（哪哎呀），他在外又好吃来又好喝。

他来家常常地把我来怨（哪），还得（吔）翠娥我也服侍着（呢）。看起来天下事情它也不合理（哪），（哎呀）为什么男人非要（哎哟）管老婆（唵啊哎嗯）。

舞台上，农家媳妇梅翠娥眉眼间欲嗔还喜的表情真切自然，举手投足间透出来的乡间媳妇的热情能干更是准确到位，特别是层层叠叠的腔韵行若流水，华丽丽的拖腔转调于优美、自然、和谐中，一波紧接着一波，观众着实被这位带着委屈、嗔怪又聪慧灵活的农家小媳妇吸引住了。接下来登场的邵瑞武，则手忙脚乱地和面、擀面、切面、抱柴、打火、吹火、揉眼，一系列夸张、幽默、形象的动作表演下来，令观众忍不住捧腹大笑。

整场戏，夫妻二人一个灵巧、一个笨拙，一个浑厚、一个脆甜，珠联璧合的表演不但让舞台下观戏的戏迷大呼过瘾，就连隔墙"蹭"戏的戏迷们也"蹭"得心满意足。

"看戏不见张金兰，白花两毛钱"

戏迷伊作福回忆："俺一共看过张金兰的柳琴戏两次，一次是在1977年，3块钱一张票，俺和几个伙伴走着进的临沂城，当时戏院门口挂着张金兰的演出牌子，俺们进去的时候，小小的剧院里面已经挨挨挤挤地站了千把口子人了。人可真叫一个多啊……"[①]

1. 看戏不见张金兰，白花两毛钱

随着不断扩张的戏迷观众，张金兰柳琴戏一票难求的盛况更加明显。供不应求的票价开始节节攀升，从其刚来剧院演出时的5分，持续上涨到1角，2角。很多戏迷宁愿少吃几顿饭，也要掏出两角钱去买张戏票去看张金兰的戏。其中更有不少戏痴，为了能看过瘾，也为了能最大程度地发挥这两毛钱的作用，干脆背着煎饼咸菜，直接住到了剧院。白天吃着煎饼看着戏，晚上散戏后随便找个平坦的地面睡一宿，第二天接着再看。

① 作者采访记录。

要知道在50年代初期，2角钱可不是一笔小数目。那年月，一个农民在生产大队劳动挣工分，一个工分也不过几分钱。所以，这看似不起眼的2角钱对庄户人来说，是一家几口人好几天的伙食费。而在城市，一位普通知识分子一个月的工资也不过30元钱。

由此我们可以想象，作为偏居于县城角落、乡镇一隅，信息流通不畅的百姓戏迷来说，当他们斟酌再三从饭钱里省下2角钱买了戏票，满怀期待地走进剧场准备欣赏心目中“红角儿”张金兰演唱的一场柳琴戏，不料想，开场后，却发现舞台上居然没有“红角儿”主演的剧目，这种强烈的失落感对特意从乡下偏远地区走上半天至一天的路程奔着张金兰而来的戏迷们来说，可想而知。于是，“看戏不见张金兰，白花两毛钱”的说法开始不胫而走。

显而易见，正是这句“谚语”为张金兰的柳琴戏表演艺术奠定了艺术威望与高度。最难能可贵的是，这种以戏迷观众的真实情感为契机发展而来的“谚语”，历久不衰，嵌入了一代人、甚至几代人的精神生活，成为了他们人生中的美好回忆，现在依然能从中看到柳琴戏在一个时代内繁荣鼎盛，亦能从中明了张金兰的声腔艺术在柳琴戏发展史上的不可替代性。

可以毫不夸张地说，张金兰掀起了一场史无前例的柳琴戏观看狂潮。老百姓以风靡一时的“看戏不见张金兰，白花两毛钱”的谚语和“吃住在剧院过戏瘾”的癫狂方式，赋予了张金兰柳琴戏表演艺术的最高褒奖和最诚挚的赞美。

面对老百姓的这份热爱，年轻的张金兰欣喜之余，也更加勤勉。为了答谢人民群众的厚爱、也为了满足广大戏迷们看戏的迫切要求，自1953年秋天正式加入临沂专区柳琴戏剧团至次年七八月份，整整一年的时间，张金兰以其优质的“金喉铁嗓”连续唱了六七百出柳琴戏。高频次和高质量的演出，不但让老百姓的精神生活丰满鲜活了起来，也使临沂专区柳琴戏剧团得到了飞快的发展。戏迷的剧烈增长无形中带动了其所在剧团的经济效益直线上扬，仅其入团一年多的时间，该剧团的演出收入就上升至 13 万元之多。

在人均工资只有几十元的时代背景下，这样的演出高收入，不但让演员生活有了可靠保障，剧团也因此添置和更新了灯光、服装、道具等演出用品。演出软件的逐步健全，使柳琴戏表演的视听感觉更加丰富。可以想象，这由 5 分至 2 角拼凑起来的 13 万元，究竟包含着多少位戏迷对张金兰柳琴戏表演的赤诚热爱！又包含着张金兰多少句脍炙人口的唱腔唱段，和其在演出中挥洒的辛勤汗水！

这一时期，随着戏迷们的急速扩张，走入戏院的观众也呈爆发的态势增长。此时，窄小的剧院已经完全不能满足广大戏迷的需求了。

1955 年秋天，临沂剧院在新新剧场对过破土动工开建，"从剧团、剧场公共积累中抽调 4.8 万元，又从银行贷了 2 万元，于 1955 年 4 月开始破土动工。剧团晚上演出，演员们白天出义务工。"柳琴戏传承保护中心党总支书记宋兆连回忆说。[①]

经过 5 个月的紧张施工，一座高大气派、设施齐全的临沂剧院于国庆节正式建成并投入使用。该剧院坐北朝南，砖木结构，建筑面积 2200 平方米，钢筋水泥铸成的舞台台口高 8 米、宽 10 米、深 16 米，观众厅坐席有 1070 个。初为与专区京剧团、柳琴剧团统一领导、核算，属院团合一的国营文化事业单位，后两剧团于 1960 年析出。为 20 世纪 50 年代临沂城内最大的文艺表演场所，除了柳琴戏演出之外，亦有京剧、话剧、歌舞剧等多种剧种上演，剧院还曾先后接待过来临沂演出的中央乐团、中国儿童艺术剧院、中央歌舞团和省级各演出团体；党和国家领导人彭德怀元帅、罗瑞卿、迟浩田、谷牧等也曾先后在该剧院观看了张金兰及其同事们的柳琴戏《刘四姐》《喝面叶》等传统剧目的表演，并给予了高度评价。

---

① 参见车少远：《考棚街，临沂当年的"好莱坞"》，《沂蒙晚报》2013 年 11 月 29 日。

临沂剧院正式使用以后，各剧种如火如荼的演出盛况令剧场外的整条街都热闹了起来。出售糖葫芦、爆米花等零食的商贩们与日俱增，熙来攘往的柳琴戏戏迷和高声叫卖的小商贩们汇集于此，将原本平凡不起眼的考棚街短时间内变成了临沂城内最繁华热闹的商业街。

说起这段辉煌的岁月，张先生依旧低调："那时候团里没有什么角儿，都是人民演员，都在为人民演戏，我们演员是为人民服务的。"

正如张金兰先生所说，自加入临沂专区剧团以来，带着对党和政府的感恩，牢记自己是人民演员，为群众演戏的宗旨。不管阴晴风雨，从不辜负戏迷们的观戏热情。有很多时候，天气恶劣，风雨交加，仍在工作人员的协助下，打着伞站在舞台上继续演出，正可谓"台上入情，台下忘情"。舞台上，雨水溅湿了戏服，演员浑然不觉，入情入戏；舞台下，观众冒雨观戏，看得如痴如醉，浑然忘我。

说起曾经获得的荣誉，张金兰先生面色如常，并无多少得意之色。可当提及"抱错南瓜去看戏"的民间传说和"看戏不见张金兰，白花两毛钱"谚语时，一直淡然叙说的老先生顿时乐了。细密、慈祥的皱纹在笑声中荡漾出一圈圈自豪之情。之后，她老人家长长地舒了一口气，朗声说道："是有这样一个故事，说是有一位妇女抱着孩子赶着去听戏，路过一片南瓜地时不小心被绊倒了，她站起身抱着南瓜就走了，直到听完戏才发现自己怀里抱着的是一个南瓜……"说到这儿，眼前仿佛出现了当年柳琴戏演出时的热闹场面，张金兰先生再次忍不住哈哈大笑了起来。随后老人家自问自答："你说，怎么能把南瓜当成孩子抱回家了呢？当妈的把孩子扔了？你说她这不就是迷了嘛。"

"看戏不见张金兰，白花两毛钱"的观众评语和"抱错南瓜去看戏"的戏迷故事让张金兰先生喜笑颜开。由此我们可以看出，来源于民间、兴盛于观众的柳琴戏表演艺术家张金兰先生的至高追求，原不过是让观众、戏迷喜欢、记住罢了。

2. 真假张金兰

也正是因为张金兰在百姓戏迷中的巨大影响，运河两岸一度出现了“真装张金兰”和“加假装张金兰”的现象。面对这种“侵权”事件，张金兰先生乐呵呵地解释说：“‘真装张金兰’是我本人，‘假装张金兰’就是唱得像我的人，其实人家唱得都怪好，只是在唱腔上很像我罢了。”

在张金兰的柳琴戏响彻蒙山沂水之间的时候，新沂的刘红云、王玉凤因为演唱风格与张金兰的有些相似，被民间称为“假装张金兰”。同为柳琴戏第七代传人，与张金兰在同一个剧团的柳琴戏演员于彩亭，也因唱腔酷似张金兰而被观众熟知，被称为“假张金兰”。

在说起五六十年代的“真假张金兰”时，老人家笑着解释：“人都说新沂剧场的刘红云是‘假装张金兰’，她是小石头的老婆，两口子都是唱柳琴戏的，唱得都怪好，有好几个儿子呢……”

说完这些话，张老先生不再出声，目光垂落于弯曲的膝盖上，神情安然地端坐于这一段时光里，静静地回想着锣鼓喧天、柳琴轻扬的另一段时光。

形象截然不同的柳琴戏表演艺术家，为什么会被观众误认为是张金兰呢？此事若发生在网络信息发达的现在，的确令人不可思议；但放在当时的历史背景下，就不难理解了。首先，张金兰大多数时间都在剧院和临沂城的周边演出，能够亲眼观赏到其柳琴戏表演的观众在地域上受局限，但其精湛的演唱技艺经观众口口相传之后，变得越发美轮美奂，这在无形中让其他地区观众对欣赏她演唱柳琴戏心驰神往。慢慢地，张金兰的柳琴戏就成了评定柳琴戏演唱的一把标尺，唱功出色、演技高超的柳琴戏演员便被观众认定为“张金兰”。其次，戏曲演员的化妆起了遮掩的作用，浓重的油彩，夸张的挑眉、凤眼，盛装之下观众只能凭唱腔辨认演员。而张金兰的柳琴戏表演艺术在当时已经成了一面柳琴戏唱腔的“旗帜”，有一些悟性高，嗓音条件好的演员在演出时有意无意地朝着这面“旗帜”靠拢。柳琴戏的唱腔原本就大同小异，只要稍加模仿，便让人真假难辨，让观众产生误会也是自然而然的事情。

正如笔者在2016年3月期间采访张庄镇小河庄的戏迷时，提起柳琴戏大家第一时间想到的就是张金兰。村中81岁的伊中英老人说：“俺知道张金兰唱柳琴戏唱得怪好，俺天天听呢。”但当问及老人家张金兰什么长相时，老人则一脸茫然。据伊中英老人回忆，自己一共听过张金兰的两次戏，一次年代久远，大约是在未出嫁时，因为看戏的人太多，站在戏场边缘的她并未看清舞台上张金兰的长相，只知道穿着古装，珠翠满头，凤眼弯眉，十分漂亮。第二次看张金兰的戏，是在20世纪90年代初期，小河村立集时，当时土搭的戏台周围人山人海，根本无法靠近，老人家也没看清楚张金兰的长相。

但是在两次看戏皆没看清楚演员长相的情况下，老人却非常确定地说：“就是张金兰唱的，她唱得怪好听，旁人都比不上。俺庄上的人也都知道她唱柳琴戏唱得好，平时俺们在电视和收音机里听的都是张金兰唱的柳琴戏。”时隔几十年后，老人仍然习惯性地将听到的、最好听的柳琴戏安放在张金兰身上。

显而易见，在农村，在像伊中英这样的观众心目中，张金兰不但代表了柳琴戏，还代表了唱得最好的柳琴戏演员。事实上，伊中英老人家和同村的乡亲们听到的并不一定就是张金兰的唱片。在20世纪90年代中后期，临沂市面上流传的盗版录音带或唱片上，基本都标注着张金兰的名字。这些唱片不但有很多不是张金兰老师演唱的柳琴戏，有些甚至连柳琴戏都不是。这些盗版商之所以标注张金兰的名字，不过是借助其在一方的强大影响力，赚个畅销罢了。

20世纪90年代末期，“真假张金兰”的现象，充分说明了名角儿和戏曲的关系。名角儿与戏曲是相辅相成的，既可以说是“名角儿们创造了戏曲”，亦可以讲是“戏曲又成就了名角儿。”不可否认，不论是戏曲、舞蹈、音乐还是其他艺术，其存在形式往往都是通过观众对“角儿”的接纳认识，逐渐将所演绎的戏曲认同、喜欢，并走入内心。正如在老百姓心目中，张金兰既代表着柳琴戏，又代表着柳琴戏中的“最好”演绎水平。

3. 戏迷的声音

69 岁的戏迷伊作福在回忆年轻时期观看张金兰的柳琴戏艺术表演时，语气颇为感慨，他说：“俺一共看过张金兰的柳琴戏两次，一次是在 1977 年，3 块钱一张票，俺和几个伙伴走着进的临沂城。当时戏院门口挂着张金兰的演出牌子，俺们进去的时候，小小的剧院里面已经挨挨挤挤地站了千把口子人了。人可真叫一个多啊，俺们几个人也没挤进去，只能挨边站着。因为离舞台太远，看不清楚演员什么样儿，只能听戏，那一天俺们就是站在靠边的地方听了一晚上戏。第二次看的时候，俺已经在临沂北关鱼市 23 号上班了。当时老板很大方，花了十几块钱为俺们八九个工人买了票，高高兴兴地领着俺们去看的戏。人也是特别多，但这次俺们是坐着，安稳地看了一场戏……人家张金兰那嗓口就是好啊，跟别人唱的就不是一个味儿，嗓音很特别，每唱出一句来，腔里都跟沾了露水珠子一样，那叫一个滋润……确实很好听啊！”

兰山区的一位老戏迷，年轻时候喜欢去剧院看张金兰的柳琴戏，后来，因为工作调动的原因离开了临沂，这一走就是几十年，但对张金兰柳琴戏的喜爱非但没有随着时光的流逝而淡忘，反而越来越强烈。时至今日，张金兰的身影已经在大舞台上难觅踪影，其在民间流传的唱片也因为年代久远，不好找寻。老戏迷怅然不已，经常跟儿女子孙念叨，想听张金兰的柳琴戏，并感慨再也找不到像张金兰演唱的柳琴戏一样能让人赏心悦目、一观难忘的艺术形式了。孝敬的外孙为了了却外婆的夙愿，在网络平台不断发帖，寻求张金兰的柳琴戏音频、视频。

懂戏的老戏迷是这样评价张金兰的柳琴戏的："张先生的唱腔已经达到登峰造极、炉火纯青的地步了，不会再有人能超过先生了。百听不厌，张老先生唱的山东柳琴戏，要比淮海戏唱腔更高，音律更长，要比徐州柳琴戏更干脆，腔调更长更高，比安徽泗州戏更彰显北方梆子戏的风格，这些特点都让张先生发挥得淋漓尽致、恰到好处。可以说，张金兰的柳琴戏真是天籁之音，有绕梁三日之感。"

兰山区年轻的戏迷李先生说："张金兰唱的柳琴戏真是天下最好听的柳琴戏。我是在1998年上初中的时候，听姥爷用那种老式播放机放的，唱片都很大。现在过了这么多年，仍然经常想起。至今还记得张金兰演唱的《丝鸾记》，她唱出了春风拂面的感觉。"

张金兰先生已经无法计数自己究竟演出了多少场柳琴戏。那些传统的、观众耳熟能详、百看不厌的柳琴戏剧目，在20世纪50年代初、"文化大革命"前的十几年里，无论是在剧院的正规舞台，还是在乡村的土戏台子，几乎一刻也不停歇地上演着。

张金兰很少排新戏，即便是创新也多在传统唱腔和剧目的基础上。但看戏的人痴迷于此，他们爱她的唱腔风格，爱她的演唱韵味，爱她的乡音婉转。在戏迷心目中，具有张金兰唱腔特色的柳琴戏演出，这便是最重要的。

只要闻听张金兰要深入乡村搭戏台演出，无论是在进村的路上，还是在后台窄小的化妆间，或是在舞台上，戏迷们都是一脸热情，铁桶般围拢在其左右。

曾经有一次，在乡村的集市上，散场后的戏迷非但没有散去，反而将未曾卸妆的张金兰紧紧围堵在了舞台中央，兴奋、激动、欢喜，各种情绪混杂的人群汇集成了人墙，戏迷们围住她，热切地看着她，呼喊她的名字。看着寸步难行的张金兰，剧团四五个练武生的小伙子自发组成了护卫队，奋力护送着她"突围"。可任凭他们挤得满头大汗，仍然在舞台中间纹丝不动。其中一个小伙子不由大声感叹：“哎呀，张老师啊张老师，您真是太厉害了！老百姓咋都这么喜欢您呢?!”

临沂城内，开戏的夜晚即便是隔着几条巷子，仍能听到新新剧场内爆发出的如雷掌声和喝彩。张金兰每次都需多次返场谢幕，直至破天荒加唱了几段，才让兴奋异常的戏迷们心满意足地离开。这样的场景，在张金兰演艺事业的鼎盛时期，几乎每晚都在上演。

那年月，“戏票靠抢”是不争的事实。张金兰在新新剧院演出的票价由5分飙升至几毛，直至几块。但要想买到戏票，依然需要“眼疾手快、消息灵通”。当年跑关系走后门，若是能送上一张柳琴戏票，那绝对是既体面、又能显示出送票人强大的人脉关系和超群的能力水平。

无法否认，戏曲从来都是“角儿”的艺术，从京剧的四大名旦、四大须生到越剧的舞台十姐妹。这些带有时代印记的角儿、明星们，以其自身精彩演出的艺术魅力，吸引着一代代观众对他们所代表的剧种的进行追崇。可以说，是这些响亮的角儿成就了各剧种在某个时代的辉煌。这正如张金兰之于柳琴戏，沂蒙大地上，不止一位戏迷感慨：“当年，俺们看柳琴戏就是奔着张金兰去的，人家唱得确实好听……”

“张金兰？柳琴戏啊。咱临沂哪有不知道张金兰的，当年的柳琴戏红角儿啊，唱得可好听了。”

“柳琴戏？哦，你说柳琴戏俺不知道，你一提张金兰俺就知道柳琴戏了……”

如此可以看出，人们是因为喜爱听张金兰唱柳琴戏，才对柳琴戏有所了解的；而张金兰之所以成为柳琴戏的标牌，正是因为其演唱的柳琴戏是农民喜欢听的、渴望看的本地戏曲艺术。土腔土调的柳琴戏是最适合农民娱乐，也是最懂得农民的审美情趣的地方戏曲，张金兰唱出了柳琴戏的精髓，也就是它的土特性，她用在民间长期演出历练的经验，创新完善的唱腔唱词和真挚感人的表演技艺，将舞台上和生活中的“虚”与“实”完美地结合在一起，最大限度地将本土文化掺杂在舞台表现形式中，利用悦人心神的曲调和唱词展现了剧中故事的“美与丑”“善与恶”“罪与罚”等因果关系，真正和民间百姓的审美情趣产生共鸣。

两度夺冠获满堂彩

张金兰回忆："俺接到参加第一届戏曲观摩演出大会通知的时候，离汇演还有半个来月的时间，时间就怪紧了……当时定的参赛剧目是《小书房》，我演张五姐，邵瑞武演王玉春，演出现场演员观众们的情绪都很高涨。"[①]

张金兰富有美感又接地气的柳琴戏，让越来越多的观众加入柳琴戏戏迷的行列中，专门奔着她来听戏的群众也越来越多。固定的收入、戏迷的热爱、生活的安稳，无不激励着张金兰对柳琴戏表演事业的热情，她在唱腔风格的完善、表演的情感投入等方面更加精益求精。

这一时期，政府对地方戏曲投入了极大的热情，各地区开始频繁地举办戏曲汇演。不可否认，当时极具地方特色的戏曲汇演在增强民族自信与凝聚力之外，成功地引发了全国人民对地方剧种、民族艺术的热情和关

---

① 作者采访记录。

注，更激发了戏曲舞台艺术创作的积极性，大幅度提升了戏曲剧团的演出活力。

自 1954 年开始至 1964 年，十年间，山东省和江苏省陆续举办的大型戏曲观摩汇演达 8 次之多。各地柳琴戏剧团参演的剧目既有改编的传统戏，也有新编现代剧。汇演评委组通过对剧目、音乐、舞美、演员等多方面进行评选，并提出改进的意见和建议。这种广泛的交流与中肯的指导，让尚在塑型期的柳琴戏迅速成熟起来。

1954 年 9 月，山东省即将召开第一届戏曲观摩演出大会，张金兰接到剧团领导的通知，要求其参加排演参赛节目，当时定的是传统剧目是《小书房》和《打干棒》，《小书房》由张金兰与邵瑞武夫妇排演；《打干棒》则由剧团同事李春生和宋月英主演。

接到该排演通知时，已经距会演时间不足半月，可以说时间紧任务重。为了以最好的状态参加本次会演，张金兰夜以继日地投入紧张的排练之中。

对张金兰来说，自 6 岁登台开始，大大小小演出无数场，她从不畏惧演出。但是这次的汇演对她来说却不同寻常。首先，这是一次省级会演，自己代表的是柳琴戏、是临沂专区柳琴戏剧团，所以身负着展示、宣传柳琴戏、为剧团争取荣誉的使命，这就意味着只能演好，不能演砸。其次，从山东各地汇集而来参加汇演的专业戏曲演员众多，他们风格各异、各有所长，精彩纷呈的演出将会是一次难得的学习机会。

对于参加这次观摩演出，张金兰有说不出的振奋与开心。只是在开心之余，她也多少有些紧张。以往自己演出所面对的观众都是喜爱柳琴戏的老百姓，然而这次观看汇演的观众则是来自山东各地的同行们，他们懂戏，会看戏，能评戏。如何唱好这场戏，如何让大众认可并喜欢上土生土长的柳琴戏，张金兰和丈夫邵瑞武可没少动脑筋。

夫妻二人除了在剧团排演时和剧团的同事们切磋研讨，回家后更是针对每一句唱词的表现力，每一声唱腔的情感拿捏，表情手势是否准确到位等表演细节进行翻来覆去地推敲、调整。始终抱着要拿出最好的演出水平，让山东的同行们知道柳琴戏、认可柳琴戏的态度去排、去练、去演。

1954 年金秋，“山东省第一届戏曲观摩演出大会”在山东省京剧院如期举行。对柳琴戏发展史上来说，这更是一场意义非凡的大会。开幕式上，一直被称为“拉魂腔”的柳琴戏正式被命名为“柳琴戏”，这意味着产生于民间、并在民间流传发展了两百多年的传统小戏，已经被正式纳入了国家文化体制范围，成为了“拉魂腔”从地方小戏转变为地方剧种的重要标志。

同样，来参加这次汇演的剧种有很多如柳琴戏一样，带着浓郁的地方特色和崭新的剧种面貌，如茂腔、柳腔、两加弦、山东梆子、五音戏，等等。

此次大会，张金兰既是参演的演员又是评选的评委，眼前犹如百花齐放的各地戏曲剧目、拔尖的演员代表，而自己参赛的、带有浓郁乡土气息的柳琴戏《小书房》能让评委们认可吗？这些疑问与忐忑，在开戏的锣鼓点响起，登上舞台的那一刻，就已然被观众欢乐的笑声驱赶走了。舞台上的张金兰已不再是参赛的选手，亦不再是观戏的评委，她只是《小书房》里玉帝调皮的女儿张五姐，亦是为爱坠入人间的美丽仙子。

倾情演绎的动人爱情、准确到位的肢体语言、高潮迭起的花腔巧调……张金兰用无可挑剔的演技将“一把拂尘腾云驾雾，一把羽扇翻云覆雨”的柳琴戏神话诠释得炉火纯青、唯美动人。来自山东省各地的评委和戏曲演员们，很快被舞台上的“张五姐”所吸引。张金兰表演时眉眼间的俏皮灵动，唱词道白中的幽默风趣，唱腔唱调中所表现的热烈果敢，无不把握得恰到好处。观众透过其表演，好像真看到了那位自天而降、率真美丽的小“仙女”，带着不谙世事的纯情与古灵精怪，兴高采烈地来到小书房“调戏”着老实巴交的读书人王玉春。一时间，舞台下鸦雀无声，大家都被柳琴戏这个充满了浓郁生活气息、散发着乡土清香的地方剧种所吸引。随着演出的深入，张金兰与丈夫邵瑞武一唱一和、一刚一柔的幽默调侃不时引发出台下观众们阵阵开怀的笑声，紧张的会场气氛顿时变得轻松起来。

在这次戏曲观摩大会上，张金兰以出彩的演唱让山东各地的评委及演员们认识了土腔土调、婉转亲切的柳琴戏。也正是通过张金兰华丽唯美的唱腔艺术和风趣幽默、带着沂蒙人特有的热辣爽直的乡音唱词，让大众评委们真正领略到了柳琴戏的“勾魂”魅力。他们记住了临沂专区参赛的地方戏种柳琴戏，也记住了长眉入鬓，嗓音清、脆、响、甜的张金兰。

1954 年 9 月，正值临沂专区柳琴戏剧团建团第二年。张金兰凭借在《小书房》中的精彩表演，经过一轮又一轮大众评委的评选，力拔头筹，荣获了“山东省第一届戏曲观摩演出大会”演员一等奖，并获得金质奖章一枚；同去比赛的李春生、邵瑞武也分获演员一、二等奖。

这是张金兰第一次获奖，也是第一次参加这样规模宏大的戏曲观摩大会。

观摩大会结束之后，载誉归来的张金兰愈发“星光”闪烁。至高的奖项为其带来了诸多的荣耀，不但让她如日东升的名气再镀金边，也为她赢得了提升工资的机会。当时，山东省的政策是将著名表演艺术家的工资统一调整为 90 块钱，张金兰和著名表演艺术家郎咸芬同属一个级别。这对张金兰来说，既是党对柳琴戏艺人的爱护，也是对张金兰演出技艺的肯定。从此她的名字前面可以当之无愧地加上“著名”两个字。

说起这样的高待遇，张金兰先生语气有些许的自豪：“当时咱临沂的地委书记才 90 块钱的工资，我这（工资待遇）相当于高干的待遇，你说党和政府给了咱这么高的待遇，怎么能让咱不满意呢？”

获奖后的张金兰声名远播，演出任务也更加繁忙。此一时期，她的柳琴戏演唱就像沂河上空熠熠生辉的硕大明珠，照亮了蒙山沂水间老百姓暗哑的精神生活空间。老百姓皆以看到她的柳琴戏为荣，为“张金兰”这 3

个字，奔向新新剧院的戏迷与日俱增；他们只要听说剧场有张金兰主演的柳琴戏，便奔走相告。临沂城内外的老百姓纷纷涌进狭小的剧场，抢票、购票、早早候场。

1956年12月，山东省第二届戏曲观摩会演准备召开，张金兰再次接到了团里参加比赛的通知。尽管有了上一次的参赛经验，但她仍然不敢有丝毫怠慢。自接到通知之日起，就紧锣密鼓地同剧团相关人员讨论参赛剧目《休丁香》剧本的编排、唱腔唱词的修改完善，夜以继日地与同事对台词、练唱腔、走路子，甚至在吃饭的时候，都不忘与自己搭档的丈夫邵瑞武讨论唱腔。真到了“唱腔在嘴里千万遍地‘滚’，台词在脑海中翻来覆去‘转’”的地步，那段时间，张金兰连睡梦中都满是唱词唱腔。

有道是功夫不负有心人。在山东省第二届戏曲观摩会上，有备而来的张金兰果然不负众望，再次荣获演员一等奖。

历经两次参加山东省戏曲观摩大会的汇演，并获得表演一等奖。这样不俗的成绩再次奠定了张金兰在柳琴戏表演艺术中的地位。而通过汇演期间的互相观摩、交流、借鉴，各地具有代表性的参赛剧目在戏曲界专家的评议与指导下，就像打一针“强心剂”，迅速扩大了地方戏在官方与民间的双向影响力。张金兰及其同事在频频获奖中也慢慢找到了让柳琴戏走出临沂、走向全国的自信。与此同时，汇演的宣传力量，也让柳琴戏逐渐为更多的观众与专业演员所接受与喜爱。

再次的获奖，让柳琴戏演艺事业如日中天的张金兰走出了山东，成了享誉全国的柳琴戏红角儿。临沂专区柳琴戏剧团也随着这次得奖名声大震，各地演出的邀约更是如雪片般飞过来。处在事业巅峰期的张金兰马不停蹄地随剧团先后赴青岛、烟台、济南、苏北、河南、安徽等地演出，所到之处，掌声雷动，深受广大人民群众的喜爱。

走出临沂，走入全国各地的大舞台表演柳琴戏，让张金兰的视野更加开阔，她十分珍惜临沂专区柳琴戏剧团为自己提供的发展沃土，珍惜每一次演出机会，场场演出都不遗余力。无论是在大城市的剧院，还是农村、工厂、部队机关或是学校的小舞台，均掌声雷动、座无虚席。张金兰在人民群众当中的声望越来越高，社会影响力也越来越大。随之而来的各种荣誉也接踵而至。

1959年，张金兰被提升为临沂专区柳琴剧团的业务副团长；1960年，上海唱片社专题为其灌制了《王三姐剜菜》《王二英思夫》《丝鸾记》《父女顶嘴》《状元打更》《喝面叶》《秦香莲》《三击掌》等脍炙人口的唱片。至此，张金兰达到了其柳琴戏表演艺术道路上的巅峰期。

这一时期，全国文艺形式百花齐放，各地戏曲观摩大会此起彼伏。

1964年6月，京剧现代戏观摩演出大会在北京举行，这次观摩演出大会对“全国各地创作上演现代戏的推动作用是不言而喻的。就在观摩演出大会开幕之前或结束不久的短时期内，全国陆续有很多省市举行了规模空前的现代戏会演”[①]。

1964年12月，由山东省文化局、文联主办召开山东省地方戏曲革命现代戏观摩演出大会，济宁专区、枣庄专区、临沂专区分别派出柳琴戏代表团参加。当时，济宁专区代表团演出了大型柳琴现代戏《新风曲》，枣庄市代表团演出了五场柳琴戏《天雷滚滚》，临沂专区演出的剧目是《青石峪》。

《青石峪》由临沂专区柳琴剧团集体编剧，团编导组任导演，音乐设计由本团音乐组刘传金、卢德存等担任，执行导演庄兰田、王慎斋，美术设计孙兴森、韩一卿。主要演员及角色包括邵瑞武、李春生饰李天庆，尹传合饰李天荣，李厚山、潘维国饰张德奎，李钦思饰孙寿山，张金兰饰李大嫂。[②]

说起这段往事，张金兰老先生自豪感犹在，她老人家乐呵呵地回忆

① 中国戏曲志编辑委员会：《中国戏曲志·江苏卷》，中国ISBN中心1992年版，第35页。

② 本次演出的资料参见《山东省地方戏曲革命现代戏观摩演出大会节目单合订本》，内部资料，1964年。

说："当时我在《青石峪》中扮演的是李大嫂，是老旦戏，词不多，整场戏只有六句唱词。在台上演（唱）的时候，六句六个满堂彩……"

事实上，这出戏原定的李大嫂原本由剧团另外一名演员出演这一角色，因为演出前发生意外状况，带团的张金兰接下了这个角色。不过令人感到意外的是，这次"无心插柳"的出演，居然成了该剧最大的亮点。

以往张金兰演柳琴戏是以旦角或青衣为主，角色表演方面基本都少不了大段的演唱。而这次《青石峪》与往日不同，这出剧中，张金兰所替演的李大嫂是老旦戏，词不多，整场戏只有六句唱词。可就是这六句唱词，为该剧赢得了掌声一片。从开口至结束，六句六个满堂彩。就是这六个满堂彩，让乐队老师至今都记忆犹新，每每提及，总是兴奋不已，自豪感爆棚。据同去的音乐组刘传金回忆，当时观看演出的同行们，在听完张金兰的六句柳琴戏后，如饮甘贻，迫不及待地在现场连发感慨："听了一晚上的戏，总算是听到正宗的拉魂腔了。"

此次汇演，临沂专区柳琴戏剧团荣获了集体奖，这也是张金兰多次参加的戏曲观摩会中，唯一一次没获个人奖的汇报演出。而其与参加此次演出的李春生、邵瑞武等老一辈的柳琴戏表演艺术家，均是60年代初期至中期，临沂最具有代表性的知名柳琴戏演员，正是因为有了他们的全力付出，临沂专区柳琴戏剧团才得以红红火火、发展壮大。至1965年年末，该剧团已经有演职人员已近百人，行当齐全、设备完善，并上演了大量的优秀传统剧目和现代剧目。

面对日益壮大的柳琴戏剧团，作为主管业务的副团长张金兰由衷地感到高兴。为了让剧团越来越好，她在演出之余，对剧团排演工作常抓不懈，管理严格。在张金兰心中，只有演好戏才能对得起观众，对得起国家。然而世事难料，就在张金兰全力以赴抓剧团演出业务的时候，一片骤起的政治风云笼罩住了祖国的大好河山，并随着时间的推进，迅速将其席卷了进去。

第四章

蛰　伏

“上山下乡”的苦与累

张金兰回忆：“我们那时候（下乡演出）是真的苦，这一出门少则几个月，多则小半年，平时在村庄里，都是和老百姓打成一片，白天帮着他们下田干活，晚上再自己动手搭台子唱戏……”[①]

20世纪50年代末期到60年代初期，中国面临严重的粮食危机。“无论城乡，人们的口粮都很紧张。1960年、1961年两年，农村每人每天平均口粮不足1斤，重灾区只有几两”[②]。

此时在以阶级斗争为纲领的政治环境下，文艺坚持为无产阶级政治服务、为工农兵服务的方向，促使了现代戏的迅速发展，同时革命现代戏被提升到舞台的演出中心上来。当饥饿席卷了整个祖国的山川大地时，全国文艺战线上开始大演现代戏，古装戏不再演出了。戏曲界提出的口号是

① 作者采访记录。

② 蒋冠庄、高敬增：《李先念呕心赈粮荒——六十年代的粮食危机》，《百年湖》2008年第1期，第18页。

“上山下乡、访贫问苦”。

临沂专区柳琴戏剧团的演员们编演了数量可观的反映临沂人民治山治水、战天斗地、建设新农村事迹的现代戏，如《魏隆民》《小二黑结婚》《李双双》等。

当时临沂专区柳琴戏剧团的演员们高呼着“把戏送到山顶、送到湖里”口号，打着背包，推着木板车，每天步行将新编柳琴戏送到乡镇。

这时，身怀六甲的张金兰已经有了三个儿女，因为和邵瑞武经常送戏下乡，无法顾及儿女的生活，只能将大点的儿女送到乡下婆婆家。乡下粮食更加短缺，生活困苦不堪，孩子们跟着老人吃不饱，饿得小脸蜡黄，身上瘦得皮包骨头。张金兰每次去婆婆家，看着自己的儿女骨瘦如柴，都心如刀割、心酸落泪。

那段时间，只要能抽出时间，哪怕只要半天，她都去乡下的婆婆家看望孩子们。这一天，当她兴冲冲地推开婆婆家的木门时，一眼便看到了在院子中玩耍的儿子，目睹孩子因营养不良变得头大、耳朵尖、一脸菜色时，张金兰心里酸涩难当。当这个被饥饿蹂躏成“大头娃娃”的孩子，摇摆着瘦弱的身子，蹒跚地扑向自己的时候，张金兰的心早已经被“疼和无奈”撕扯得支离破碎。为了能照顾到孩子，张金兰不顾外出演出的艰苦，将儿子带在了身边，力所能及地进行照顾。

白天演出现场嘈杂，没人能帮忙照看，她就将孩子放在外出演出时的住所。哄了再哄，嘱咐了再嘱咐，锁门出发的前一刻，张金兰还三番五次地跑回来隔着门窗观望孩子的动态。晚上，孩子哭闹不休，她不顾演出一天的疲惫，抱着孩子坐在地铺上，一边喂奶一边轻拍孩子的后背进行安抚。很多时候，这样一坐就是一整夜，待到第二天晨曦未散之时，她揉揉酸涩的双眼，轻轻放好熟睡的孩子，再站起来舒展一下酸疼的腰肢，边打着哈欠边练嗓、排演，接下来再喂孩子，继续演出……

这是一段艰难中透着希望，沉重中带有辉煌的岁月。很像自然界中的“火烧云”，阳光的绚烂与云的灰蒙交织在一起，形成了反差极大的美丽景观。

张金兰的人生在台上台下也形成了极大的反差。台上，她是说话铿锵有力，发言掷地有声的女英模；台下，她既是剧团的业务副团长，又是围绕着孩子们吃喝思考的家庭主妇。在一走就是半年有余的送戏下乡期间，她怀里躺着尚在哺乳期的小儿子，每天奔忙于山乡村落演出串场，心里又牵挂着家里的几个大儿女，惦记他们的冷暖温饱。

顶严寒、冒风雨的送戏下乡中，若是遇到条件好点的村庄，尚可住上老百姓空着的房屋；若是碰到演出条件差的，便只能因陋就简睡在露天下。

有一次，剧团去蒙阴的某个小山村送戏，在翻过几座山后，一条宽阔的小河挡住了去路。正值寒冬，河里的冰碴未融，河岸边的寒风刺骨。一行人别无选择，只能赤脚蹚过冰冷的河水。河里的水深浅不一，一位推车的工作人员不小心踩在了水下的沙坑里，身子一歪，连人带车栽进了冰冷的河里。等大家七手八脚的将人和车从水中拖出来时，那位演职人员脸色铁青，战栗不已，身上淋漓的河水被冷风一吹，瞬间水变冰碴，成了“速冻人”。

在这种艰苦的环境下，张金兰带领临沂专区柳琴戏剧团，仅仅凭借“为人民服务，为人民演戏”的理念，拖儿带女，跋山涉水，深入乡镇山村，将丰富的文化大餐送到劳动者的家门口。

贫瘠的土地，人民公社中一刻也不得闲地劳作，再加上三餐不继的生活状态，当时老百姓的日子紧张而迷茫，送戏下乡让老百姓黯淡的日子透出了一丝丝光彩。土搭的戏台上，张金兰扮演的李双双发髻低垂，蓝色的围裙系在腰间，处处透着干练与泼辣。只见她一边有条不紊地“烙着油饼”，一边喜洋洋地演唱，流畅悦耳的唱腔中透出来的那份轻松和满足，感染力十足：

李双双：小小油饼圆又圆（哪啊圆又圆哪啊）
（啊嗯啊嗯咦嗨呀），
个个的（啊），个个都能香（呀）香满园（滴咿呀），
香（呀）香满园（啦啊哎吆哩吆呵呵吆）。
想起当年的苦日子（啊），
做梦想不到有今天（啊）。
自从咱成立了人民公社，
小日子好比糖茶一口更比一口甜。
共产党真是指路的灯，
毛主席真是人民的好靠山。
共产党的好处咱也说不尽（啊），
毛主席的恩情咱也唱不完（啊）……

张金兰不但将李双双爽朗、火辣的性格演绎得入木三分，更用唱腔中委婉的曲调着力去体现女性的温存、忍让，表现其对丈夫、孩子的疼爱和对朋友的关心。张金兰巧妙地利用柳琴戏丰富的曲调特点，突出李双双既深明大义又温柔贤惠的性格，将这位英模人物演绎得自然亲切，毫无雕琢的痕迹。

这一时期，张金兰和临沂专区柳琴戏剧团的同事们，脚步踏遍沂蒙大地，从蒙阴、沂水、沂南，到苍山、莒南、高密……当时的交通非常不便利，“送戏下乡”的运输工具基本都是木制排车。男演员们推着的木排车上拉着行李，女演员们将日用品打包背在身上，跟在排车后面步行。一天数十公里的行程，走下来，脚底磨出的血泡成串，钻心地疼。说起这些往事，张金兰先生感慨地对儿媳刘桂红说：“你们现在可是享福了，出门有车，不用步行。那时候我们送戏下乡是真正的苦，这一出门少则几个月，多则小半年，平时在村庄里演出，都是和老百姓打成一片，白天帮着他们

下田干活，晚上再自己动手搭台子唱戏……”

谈及这些往事，张金兰先生乐呵呵地说：“那时候孩子多，俺下乡演出的时候，有时候会抱着孩子背着行李。老百姓都知道张金兰，但见了面都不认得我，还问角儿张金兰怎么还不来？俺们就指着后面说，角儿都在后面呢，我们是给角儿看孩子的保姆啊。”回忆里的小插曲，令张金兰先生发出爽朗的笑声。她老人家解释说，戏迷观众们都认为张金兰是光彩夺目、雍容高贵的名角儿，出门必定会衣着华丽、讲究；跟随的人员必定前呼后拥，排场很大。事实上，在现实生活中，张金兰不过是个普通女人，虽说有些不通俗务的清高与桀骜，却并不如观众想象的那样高高在上，不食人间烟火。作为 7 个孩子的母亲，张金兰在生活中朴素自然，不染铅华，尽管容貌端庄秀丽，却并非浓妆艳抹，衣着华贵。为了不破坏老百姓对“名角儿张金兰”形象的美好臆想，也为了保持“名角儿”在观众心目中的神秘性，每次外出演出，张金兰先生总善解人意地自称为张金兰的保姆。

演艺路上的爱与痛

张金兰回忆："接到母亲病危通知的时候，我正在舞台上演出，等演出结束后，领导把我叫过去，告诉我'你母亲病危，单位已经给你买好了票，明天一早你就回去看看吧'。我回去的时候，母亲已经病故了，我没能见到她老人家的最后一面……"[①]

舞台上珠玉落盘的柳琴声韵严丝合缝地烘托出了角儿的绮丽与风华，错落有致的锣鼓点，敲出了方形舞台上光鲜与亮丽，敲出了戏迷观众的开怀期待。舞台上的张金兰已不再是她自己，入戏快、情感爆发力强的演出特点，让她演活了舞台上性格鲜明、容颜绝美的传奇女子。在观众眼中，她是《大破洪州》中英姿勃发、智勇双全的穆桂英；是《王二英思夫》中美丽泼辣、痴情率真的王二英；是《丝鸾记》中里面千娇百媚、姿容艳丽的侯美容；是《小书房》中善解人意、国色天香的仙女张四姐……但无论

① 作者采访记录。

舞台上怎样的风光无限，现实生活中的张金兰终究还是无法脱离人间烟火的羁绊。

“一生只能睡半生的觉，一生却要洗两生的脸。”著名黄梅戏表演艺术家韩再芬一针见血地道出了戏曲演员的辛苦与无奈。而这句话也正是张金兰在事业巅峰期的真实生活写照。每天两三场戏的演出，让其几乎没有卸妆的时间，浓厚的油彩要等到深夜才能洗掉。色彩绚丽的油彩对皮肤具有一定的腐蚀性，长时间敷于脸上不能及时洗掉会严重伤害到肌肤。繁忙的演出任务让张金兰曾经光鲜水润的肌肤变得日益黯淡，舞台上昼夜不停地摸爬滚打，更在无形中憔悴了伊人的容颜。

张金兰以精湛的柳琴戏演唱艺术丰富了老百姓的精神生活，以惊艳婀娜的舞台姿容满足了观众的视觉享受。可是这位敬业的表演艺术家却将舞台下的艰辛留给了自己。

璀璨的夜空下，布置在临沂文化馆前面“老广场”中的“小舞台”周围，人头攒动。舞台四周的树上、屋顶、墙沿上，早已被热情的戏迷们“占据”。可是在舞台布置妥当的现场，拭目以待的观众却接到高音喇叭中令人沮丧的紧急通知：“张金兰因病不能参加今晚的演出！”

原本就喧闹不堪的舞台上下顿时陷入了混乱之中。密集围绕在舞台四周的戏迷们在失望之中，纷纷发出让张金兰上台的呼喊声。

为了满足戏迷们的愿望，更为了缓和观众激动的心情，柳琴戏剧团的领导紧急派出工作人员去医院接张金兰。获悉此情，张金兰不顾未愈的病体，从人民医院的病床上强撑着爬起来，被同事们用地排车拉到舞台前。谁能想象，前一刻还在病床上呻吟的病人，转眼间在舞台上已经变身为英姿飒爽的巾帼女英雄。四射的激情伴随着铿锵的唱腔，在没有扩音器的舞台上直入夜空，绕场不散。

“戏里人生风华现，戏外人生艰辛多。”可以说，在张金兰的艺术人生中，骄傲欢喜、艰辛迷茫皆因柳琴戏而起。舞台上，张金兰风华绝代有目共睹；舞台下，她在现实生活中所承受的压力与艰辛却无人知晓。

10多年的黄金表演期恰与七个儿女的成长狭路相逢，舞台上“唱得抒怀、演得精彩”与生活中“生之艰难、育之不易”形成了鲜明的对比。如果用一句话来形容这段时光，那么应该是老先生在耄耋之年为自己所总结的：“不是在产床上，就是在舞台上。”

7个儿女的连续生养和事业高峰期的高频次演出，造成了张金兰在最美的年华中并不美丽的生活。可以想象，一天天，早晚两三场戏的频繁演出；一次次，挺肚上台的不便与风险；一回回，不曾满月就戏牌高挂的演出经历；一趟趟，背起儿女送戏下乡的艰苦行程……其间张金兰所经历的艰难和承受的压力可想而知。

好在，爱是抵御一切艰难险阻的原始动力。张金兰所承受的压力皆来自于爱，来自于对柳琴戏热爱；来自于对丈夫、家庭以及7个儿女的热爱；来自于对生活的热爱。这些爱给了她压力和艰难的同时，也赋予了她无限的动力。

守着心爱的舞台，唱了挚爱一生的柳琴戏，身边有携手进退的爱人邵瑞武，眼里是7个活泼可爱的儿女。对于自己的人生，张金兰先生没有抱怨，唯有满足，她老人家说：“怪好，没什么（遗憾）了……”

1955年，张金兰有了第一个女儿。据同住京剧大院的邻居回忆，张金兰非常疼爱自己的大女儿，但因为每天忙于演出，她无法亲自照料女儿，就将在家务农的大姑姐请到家里帮忙照料。虽然是这样，每次在外演出的时候，张金兰仍然对女儿牵肠挂肚，放心不下。特别是秋冬之交缝制棉衣时，她总是千叮咛万嘱咐，让大姑姐一定要用新棉花，棉衣的里外面棉布也要去商店扯新布来做。那是一个物资匮乏的年代，一般老百姓家里，孩子的棉衣基本都由大人的旧衣服改制而成。张金兰的“奢侈”要求，让周边的邻居们印象深刻，都知道名角儿张金兰在舞台上星光耀眼，在舞台下对自己的儿女更是十分上心。

1956年，随着大女儿的蹒跚学步，二女儿的产期也紧跟着到来。民间自古有“儿奔生娘奔死”的说法，这并不是危言耸听的传说，而是在生命传承的过程中，作为母亲在接受一个新生命降临时所必须要承受的风险。二女儿临盆时，张金兰真切地体会了一次“闯鬼门关”的痛楚与恐怖。

张金兰自小随班社、剧团流动演出，终日三餐不继、居无定所的日子，给她的身体造成了很大伤害。后来，加入临沂专区柳琴戏剧团，作为台柱子，承担着繁忙的演出任务，忙起来甚至一天只吃一顿饭。日久天长，胃病、贫血、营养不良等疾病便纠缠上身。

怀二女儿期间，身体状况本来就欠佳的张金兰，身体愈发虚弱。然而与此同时，紧锣密鼓排演的传统戏一场接一场，几乎每天都不间断。作为人民群众喜爱的演员，张金兰只能强撑着笨拙的身体，一直坚持演出，直到即将临盆才不得不住进了医院。

因为气血亏损，分娩时雪上加霜地遭遇了难产。张金兰凭着坚强的意志力躺在产床上，挨过了两天两夜极为痛苦的时光。第三天晚上，九死一生的她终于艰难地产下了二女儿。可是孩子呱呱坠地之后，更糟糕的事情发生了，产后大出血，张金兰的生命危在旦夕。

那时那刻，柳琴戏名角儿张金兰的人生之路充满了悬疑，她能否挣脱死神笼罩的阴影？能否挺过这艰难的人生关口？没有人能给出答案，医生不能，家人亦不能。毫无疑问，如果供血不及时，死神将会掳走这位深受观众喜爱的柳琴戏表演艺术家。

当张金兰在产房内生死未卜、命悬一线的时刻，临沂剧院的大舞台上正锣鼓喧天，京剧团的演员们像往常一样在后台化好妆，准备登台唱戏。张金兰病危的消息像一阵旋风传到了后台，惊动了正欲登台演出的京剧团的同事。

很快，他们做出了集体停演去医院救人的决定。更难能可贵的是，当对现场的观众说明情况后，已经购票入场的观众毫无怨言，默默退场，有很多观众甚至自愿跟着去了人民医院，他们要和京剧团的演职员们一起，献血救人。张金兰的安危牵动的不只是舞台同事们的心，还有广大戏迷观众们的心。

1956年，人民医院简陋的妇产科门前，出现了一群穿着古装的人排队献血的“怪异”场景，这个场景不但让张金兰铭记了一生，更让群众了解和感受到了当时演员之间那种“不是亲人，胜似亲人”的深情厚谊。说起这件事，张金兰先生至今唏嘘不已：“当时在产床上我已经躺了三天，身体还很虚，王晓梅、周闫鹏、倪传奎那些个演员同事们都围在我的病床前面，当我睁开眼看到化着妆的他们时，还吓了一跳……”

“投我以桃，报之以李”[①]，带着一种发自内心的感激，张金兰在女儿还未满月时，就投入了剧团的演出。

紧锣密鼓的演出一如继往地持续了一个月，生活中阴云再起。张金兰在郯城老家的老母亲病重。这已经是张金兰第二次接到母亲病重的消息。

身为独生女儿，张金兰每天忙于演出，回家看望独居母亲的时间并不多，为此每次回家与母亲相聚的日子她都分外珍惜。只是繁重的演出任务给她的时间并不多，上一次接到母亲病重的消息回家，不过几天就被领导召回，张金兰只能将母亲托付给亲戚照顾。这一次，再次接到母亲病重的消息，她自然心急如焚，急匆匆地跟剧团领导请了半个月的假，马不停蹄地赶回老家去看望老母亲。

这是一段近乎于奢侈的团聚，只是母亲已经不能像往日一样对女儿嘘寒问暖、烧菜煮饭，加以招待。辛劳了一辈子的老人家虚弱地躺在病榻上，有气无力地享受着女儿的照顾，看着在舞台上熠熠生辉的女儿每天奔忙于病榻与灶房之间，为自己做饭、喂饭、洗涮……

这半个月，张金兰不再是戏迷关注的焦点，也不再是团里的台柱子，

① 语出《诗经·大雅·抑》第八首：辟尔为德，俾臧俾嘉。淑慎尔止，不愆于仪。不僭不贼，鲜不为则。投我以桃，报之以李。

她似乎又回到了小时候，每天心无旁骛地守在母亲身边，尽心尽力地做着老母亲的依靠，尽着一个做女儿的孝心。只是作为一名人民喜爱的著名表演艺术家，这种照顾只能是短暂的，戏迷们的强烈呼唤，团里三番五次的催促，张金兰待母亲的病情稍见起色，便急匆匆地赶回剧团。

当时大女儿只有一岁多，二女儿两个多月。一边是病重的母亲，一边是幼小的女儿，一边又是领导殷切的目光和观众期待的眼神。张金兰有太多的身不由己。

“母亲去世的时候，我正在舞台上演出……”谈及母亲的离世，老先生默默垂下眼帘。

“团里收到亲戚寄来的病危通知时，已经是夜里十点多了，当时我正在剧院的舞台上演出，领导等到演出结束后把这个消息告诉了我。当时领导把我叫到跟前说：‘张金兰，你母亲病危了，你赶紧回家看看去吧。车票团里已经帮你买好了，明天一早你就赶紧回家看看去。’”

说到这儿，张老先生轻轻叹了口气：“我回去的时候，母亲已经病故了，我没能见到她老人家的最后一面……”

这一件事，让张金兰对母亲充满了深深的负疚感，想起，便钻心地痛。

母亲的离世让张金兰心情沉重，郁闷的情绪再加上难产造成的气血亏空，背负着精神和身体双重痛苦的张金兰开始出现头晕、目眩等症状，这让她不得不从舞台上走下来，再次住进了医院。

在那段风光无限、却又忙碌异常的“名角儿”岁月中，只有医院才是张金兰能够放松下来好好休息的“世外桃源”。只是安静的休养很难维持很久，“看戏不见张金兰，白撂两毛五分钱”的呼声，让张金兰成了保证票房和回馈观众的金字招牌，对戏的热爱和“为人民唱戏”的理念让张金兰将舞台当成了战场，为“戏”而战，为“戏迷”而搏命冲杀。

为了柳琴戏，她可以忍饥挨饿，一天步行几十公里送戏下乡；为了柳琴戏，她亦能够怀着几个月的身孕深入农村，和男人一样在村头帮忙搭戏台；为了柳琴戏，她更可以在筋疲力尽之时，一听到柳琴的伴奏响起就能抖擞精神上台表演……

当时正值“整风”运动，即要求演职人员在演出前，开展一次“深刻的批评与自我批评”会议。会议中，大家不但要反思自己生活、工作中的点点滴滴，进行深刻的自我批评，还要接受来自同事们的监督、揭发与批评。在那个处于政治高度敏感的年代，即便是生活小节方面也要谨言慎行，稍有不慎就会遭遇来自四面八方的批评揭发。张金兰就在这一时期，曾经因为孕期在乡下演出期间“连续买杏吃杏多达二十几斤”的“问题”遭到同事的揭发检举。因为“吃杏太多”而遭受非议，甚至将这件纯属口味偏好的私人行为贴上政治右倾的标识，在今天看来匪夷所思，但在那个时代却属于正常。为此，在演出工作中倾力所为，却仍免不了遭遇误解或排挤的事实，让张金兰多少有些沮丧。但这样的事件并未影响到她在观众戏迷中的巨大影响力。

人们爱听张金兰的柳琴戏，即便是在全国人民皆为口粮发愁的1960年。张金兰那乡土气息浓郁、音美腔巧的柳琴戏就像荒漠中的一片绿洲，让饥肠辘辘的人们感受到了希望与美好。为了缓解人民群众对张金兰柳琴戏表演的强烈需求，1960年春天，上海唱片社的工作人员，专程找到张金兰先生，要为其录制唱片。当时录制地点就在临沂剧院的舞台上，灌制的内容皆为传统的经典剧目唱段，有《王三姐剜菜》《王二英思夫》《丝鸾记》《父女顶嘴》《状元打更》《喝面叶》《秦香莲》《三击掌》等。这批脍炙人口的唱片在投入市场后，受到全国各地的戏迷观众的欢迎，获得了一致好评。

这是一批无可替代的柳琴戏唱片。可以说，上海唱片社的制作人员找到了最好的时机，录制了柳琴戏最精美的“华章”。录制这批唱片的时候，张金兰先生三十二岁，如此锦绣年华，正是其精力、体力和表现力最强盛的时期，也正是她柳琴戏演艺事业的巅峰时期。唱片中，无论是剧目唱段的经典程度，还是张金兰先生当时的声音状态，对唱腔艺术的精准把握程度，都到了无可挑剔、炉火纯青的高度。

张金兰的儿媳、现任临沂市柳琴戏剧团业务团长的刘桂红由衷地感慨："60年代的这一批唱片，是婆婆声音状态最好，演唱水准最高的一次录制。这批唱片中，老人家在人物情感的处理上做得非常到位，大到整出戏情感走向的把握，小到体现细微情绪变化的小腔弯处理，都细腻丰富，堪称完美。只可惜因为年代久远，这批唱片现在留存在市面上的已经不多了。"

随着那批唱片在全国范围内的热销，张金兰的柳琴戏表演艺术声名远播。从那以后，柳琴戏不单是蒙山沂水间老百姓的挚爱，也为全国广大的戏迷朋友们所了解和喜爱。

会场上的“罢免行动”

张金兰回忆：“当时我是剧团的业务副团长，正在开会安排演出业务学习，造反派冲进来指着我喊：‘张金兰是反革命，往后站！’……唉！”①

1966年5月，北京大学贴出“全国第一张马列主义大字报”，声称对一切“牛鬼蛇神”和“修正主义”要“彻底、坚决、干净、全部地消灭”。8月，红卫兵运动波及全国。这是一段被毫无约束的狂躁激情扰乱的岁月，正常的秩序被打乱。一个没有秩序的国家是极其可怕的，无序让社会上的一切都变得不可理喻。

此一时期，全国疾风暴雨般刮起了“破四旧”风潮，使中华民族几千年来的优秀文化遗产遭受到一次空前浩劫，造成了不可弥补的损失。同时，他们挥舞“文艺黑线专政论”的大棒，对中华人民共和国以来文化界

---

① 作者采访记录。

所取得的巨大成就一笔抹杀，诬蔑全国的报刊、广播、书籍、文艺作品等都充斥着“封建主义、资本主义、修正主义”的东西，声称要用无产阶级的“铁扫帚”在这些领域来一个“大扫除”。文化界的知名人士惨遭迫害，不少人被诬陷为反党反社会主义分子。这些被多次“深揭、猛批、狠斗”的文化名流有的被关进了“牛棚”，有的被投入监狱。其中著名历史学家翦伯赞、吴晗，著名作家、文艺理论家老舍、赵树理、冯雪峰，京剧表演艺术家马连良、盖叫天、周信芳，黄梅戏表演艺术家严凤英，电影艺术家应云卫、郑君里，画家潘天寿等一大批文化界著名人士在本次“文革”中被迫害致死。与此同时，全国各地的柳琴戏剧团也几乎遭到了毁灭性的打击。

山东的临沂、苍山、郯城、峄城县、台儿庄、齐村柳琴戏剧团，有的被砍掉，有的被迫改唱京剧，过去演出的剧目全遭禁锢。[①]

苍山柳琴戏惨遭厄运，把上演比较好的现代戏当作“封资修”的产物统统禁锢起来，只许演几部样板戏，把传统戏的衣箱和道具当作“四旧”加以封闭和破坏。1969 年 4 月剧团被迫撤销，二十五名青年演员调到临沂专区柳琴剧团，七名老艺人被迫回家，其他人员被分配到厂矿企业部门工作……[②]

1971 年，藤县柳琴戏剧团也在“斗、批、改”运动中撤销。大部分演员被安排到工厂或下放农村，小部分演员与藤县豫剧团合并为藤县文工团，后改称藤县剧团。学唱京剧、豫剧、歌舞表演等。[③]

从以上记录材料中可以看出，受这场运动冲击，各地区的地方戏和曲

① 中国戏曲志编辑委员会：《中国戏曲志・山东卷》，中国 ISBN 中心 1994 年版，第 104 页。
② 山东省政协文史资料委员会编：《齐鲁戏曲春秋》，中国文史出版社 1999 年版，第 240 页。
③ 李腾飞：《枣庄柳琴戏的历史沿革及其发展研究》，温州大学 2012 年硕士论文，第 42 页。

艺表演团体被解散或缩编，很多演员被下放劳改，有些性情刚烈的演员甚至在混乱中被折磨致死，或者因为不堪受辱而自杀身亡。在这种充满了暴力与混乱的社会环境中，戏曲表演艺术家们根本无法正常地进行艺术创作和演出，他们时时刻刻谨言慎行，害怕一不小心就踏到了敏感的政治雷区，“犯”下让生活更加雪上加霜的政治错误。为此，“文化大革命”前期，地方戏几乎在舞台上销声匿迹。

谈到那段历史，张金兰先生如揭伤疤，老人家连连叹息，沉重而悠长。此后，老先生低下头，沉思着用多皱的右手摩挲着右腿，许久未语。

1966 年，正是临沂专区柳琴戏剧团发展最红火的时候，张金兰身为业务副团长，一心扑在演出工作的管理上，对这场突如其来的灾难几乎一无所知。剧团内，练嗓声、弦乐声此起彼伏，井然有序的工作场景如同往日一般无二。

张金兰像往常一样，认真督促团里的演员们彩排、练功。在她眼里，演员是以舞台和广大观众为主的，而撑起舞台精彩和观众喜爱的只有柳琴戏表演技艺。所以，她对演员们演出技艺的锻炼一刻也不松懈。

张金兰先生仍清晰地记得，那天在排演休息的空当，自己一如既往地向全体演职人员强调“在正常的排演过程中，参与表演或不参与表演的都要准时到场”“参与排演的演员要用心练习，不排演的也要认真观摩”等纪律事项，接下来正打算布置新的演出任务。就在这时，团里的“革命派”们横冲直撞地闯了进来。他们胳膊上戴着红袖章，胸前别着毛主席像，一脸蛮横地冲到张金兰跟前，掐腰挺胸，高声叫嚣：“张金兰是反革命，往后站！”

这是怎样一个癫狂、错乱的年代，没有上级审批，没有任免手续，就像小孩子们玩了一场自说自话的游戏。那些被“打倒一切”冲昏了头脑的“革命派”们，便以“莫须有”的罪名将正在主持工作、被单位正式任命的业务副团长张金兰“揪”下了台。

秩序的完全颠倒，程序的瞬间错乱，让爱岗敬业、一心扑在演出事业上的张金兰被迫退出了剧团的正常管理工作，莫名其妙地变成了“黑五类”。她始终想不明白，作为一位出身贫苦的柳琴戏演员，自己从演出的第一天开始，就紧密联系群众，不辞辛苦、全心全意地为群众唱戏、演好戏，为什么会在没有任何过错的情况下，强行被人从舞台上“揪”了下来，转眼之间就成了天天挨批斗的“黑五类”？

批斗会上，反目成仇的昔日朋友，无中生有的中伤，严重损害人格和自尊的暴力语言攻击，被无限放大、妖魔化的性格弱点……一切的一切都变得疯狂而不可理喻，她无法抗争、也无从抗争。

在这场疯狂的政治运动中，与其有着同样遭遇的还有柳琴戏名角儿李春生、邵瑞武以及搞舞美的韩毅清等人。自此，这些将青春与全部的激情都奉献给柳琴戏的文艺工作者们，与全国各地的同行们一样，陷入了噩梦般的人生岁月。

这期间，长期与张金兰夫妇并肩工作的卢云凤、孟宪举等同事曾站出来为其鸣不平。他们书写了“张金兰算什么走资派？她又不是党员，不过是一个演员”为内容的大字报，四处张贴为她喊冤叫屈。只是在这个正义和公道被所谓“革命激情”绑架的时代中，同事们为张金兰鸣不平的正义之声犹如喧闹锣鼓声中的蚊虫鸣叫，变得微不足道，很快被淹没了。

就这样，在一声高似一声的“革命”呐喊声中，张金兰的艺术生命以人生最炫美的三十八岁为界，一分为二。猝不及防从万众瞩目的舞台上跌下，阶下囚般被跪押在审判台上，被昔日所谓的“朋友”指着其鼻子揭发谩骂，称其为“大戏霸”“文艺黑线”“走资本主义道路学权派”“牛鬼蛇神”“封资修艺术权威”。这种腹背受敌、冰火两重天一般大起大落的情感重创，让张金兰痛不可言、痛不能言！

我们无法想象她是怎么从那种天差地别的失落感中走出来的，也无法体会其直面世态炎凉时心中的那份悲凉。但不可否认的是，情感重创后留下的伤痕至今仍历历在目，在以后的人生岁月中，每每触及，总还会隐隐作痛。

触及这段阴云密布的人生记忆，张金兰先生心有余悸，原本神采飞扬的老人家变得话语不多，只是不停地摆手、叹息。

十年浩劫里的融融亲情

> 张金兰对“文革”十年所受的委屈下了定论：“人生如戏，我就全当是演了一场（悲情）的柳琴戏吧。”①

谈起“文革”时期的这次莫名其妙、无章可寻的罢免行动，一直乐观豁达的老先生连连叹息。自 6 岁开始，早已与柳琴戏融为一体的她，突然被硬生生地把柳琴戏从生命中剥离出来，她的心如何能不滴血？更重要的是，一向视戏如命的她在失去了柳琴戏这个支撑点后，又该如何在充满泥泞的人生道路上匍匐前行？

> 世态人情，比明月清风更饶有滋味，可做书读，可当戏看。书上的描摹，戏里的扮演，即使栩栩如生，究竟只是文艺作品；人情世态，都是天然自然的流露，往往超出情理之外，新奇得令人震惊，令

① 作者采访记录。

人骇怪，给人更深刻的效益，更奇妙的娱乐。唯有身处卑微的人，最有机缘看到世态人情的真相，而不是面对观众的艺术表演。[①]

这10年，张金兰失去了支撑其精气神的柳琴戏，前一刻还热热闹闹在剧场、乡间舞台上演出的柳琴戏，几乎踪影全无。柳琴戏同全国各地的地方戏一样，几乎在一夜之间销声匿迹。曾经红红火火的乡音被标准的京腔所代替，满街满巷皆是铿锵有力的京剧“八大样板戏”[②]。这种独一无二、全方位无死角的“占据”，持续了近十年的光阴。

在八大“样板戏”响彻城乡的演出中，在“革命者”此起彼伏的口号里，张金兰与同时期国内诸多的戏曲表演艺术家一样，从万人瞩目的舞台上，落入了暗无天日的批斗中。每天低头俯首听着莫须有的“罪名”，从事着最苦最累的体力劳动，用排车顶着烈日为剧团拉水送水，日子跌入了琐碎、黑暗又充满了屈辱的周而复始中。

时光封存了记忆，悠然闪过的过往将酷寒塞入了那段岁月的长廊。

1970年的早春，暖流融化了屋脊上的冰层，阳光透过从屋檐上滴落的第一颗硕大晶莹的水珠，闪烁出钻石一样五彩缤纷的光芒。春意在不经意间，融解了盖在沂河水面上的薄薄的冰层，温暖潮湿的气流从逐渐松软的地面上升起，滋润着被严冬摧残过的花木。

此时，沂河岸边的张金兰已经从风生水起的柳琴戏名角儿，逐渐蜕变成了一位以儿女为中心的普通家庭妇女。她不再琢磨唱腔、思考创作走向，也不再翻来覆去咀嚼唱段中词的字儿、韵的味儿、声的气儿、表情的拿捏劲儿……偶尔在上班的路上，被不远处沂河两岸的盎然春意所感染，

---

① 杨绛：《将茶饮》，生活·读书·新知三联书店1987年版。

② 八大“样板戏”是江青为体现毛泽东“古为今用，洋为中用”的文艺指导方针，做出的“文艺为工农兵服务”的中国式文艺“改革”。八大“样板戏”包括现代京剧《红灯记》《沙家浜》《智取威虎山》《奇袭白虎团》《海港》，芭蕾舞剧《红色娘子军》《白毛女》和交响音乐《沙家浜》。

无意识中涌入口腔的柳琴戏还未响起，便被瞬间回归的理性所压制，带着兀自心惊不已的后怕，她神情紧张地四顾左右后，加快了奔向剧场的步伐。

在高音喇叭不知疲倦的“革命加拼命”“抓革命，促生产”的呐喊声中，张金兰一天的劳动改造开始了，群众批斗、思想改造、砸石子、扫大街、扫厕所……哪里有脏活、累活，她就被派往哪里。在那些晦暗的时光中，她几乎习惯了这样的屈辱与劳作。上班机械地忙碌着干活；下班拖着沉重的步伐回家。家是最放松的地方，她同丈夫邵瑞武一起忙活着做饭、照顾孩子。之后，才拖着一身的疲惫上床，沉沉睡去。

十年“文革”，对于张金兰来说，是蛰伏的十年，是艰难的十年。毫无征兆地落入断崖式下跌的事业低谷，突然的逆转令其原本饱满充实的精神世界忽然干瘪塌陷。在这样巨大的人生反差面前，日子好像陷入伸手不见五指的暗夜，而于这暗夜，唯一让张金兰感到欣慰的便是亲情的陪伴。

张金兰自幼以柳琴戏相伴，舞台为伍，她不通俗物，却深爱着丈夫和七个儿女。十年“文革”期间，也正是丈夫邵瑞武自始至终的温情陪伴和儿女的茁壮成长，让其在这段苦寒岁月中感受到了温暖。自从姻缘的红线将之与张金兰拴在一起，邵瑞武便成了张金兰舞台上携手并进，人生路上相互扶持的绝佳搭档。两人在舞台上亦师亦友，共同促进；生活中朝夕不离，荣辱与共。不论在舞台上或是舞台下，他的生活始终以张金兰为主导；无论是在精神还是在物质上，他总以张金兰为中心，以一个男人的担当与耐心，为挚爱女人的一生铸就了遮风挡雨的铜墙铁壁。

说起爱人邵瑞武，张金兰先生多少有些感慨，但更多的是依恋。两位老戏骨自年轻时携手，人生的道路高高低低、风风雨雨，他们都不离不弃地并肩走了过来，其间有骄傲，也有遗憾。及至老年，岁月将辉煌升华为美好，苦痛沉淀为豁达，只可惜，当饱经沧桑的老夫妻终于可以“默默相守，寂寂欢喜”的时候，邵瑞武先生却于七十多岁的时候永远地离开了自己的爱人。这样的生离死别给张金兰先生的晚年生活留下了深重的遗憾，她老人家曾对外孙女说："你姥爷要是在就好了，他可受了个罪……"

老先生所指的"罪"，多不过是爱人邵瑞武在漫长的岁月中对爱人的担当，对家庭的操劳，对儿女的付出，还有……"文革"十年所遭受的委屈。

张金兰性情阳光、聪慧，在生活中更是敢说敢做，敢爱敢恨；而丈夫邵瑞武在现实生活却比较理性。他干练通达、睿智宽厚、熟知人情世故，所以邵瑞武比张金兰有更会应对生活的一面。当张金兰的柳琴戏演艺事业呈鼎盛状态时，他除了在戏中全力配合，戏外更是事无巨细，家务全包；而十年动乱期间，虽然他也同张金兰一样被困"驴棚"，在日常生活中他却用行动无言地安慰着深陷痛苦中的妻子。

不再频繁地演出，也没了送戏下乡的长时间离家之苦，虽然日常"劳动改造"的活儿又脏又累，但热爱生活的邵瑞武却也能将一家人的日子过得苦中带甜。

围炉而坐的冬夜，一肚子戏文的邵瑞武用绘声绘色的表演才能为求知欲旺盛的孩子们讲精彩故事，一旁静坐的张金兰亦能从孩子们明亮的眼眸、闪亮的笑脸中感受到天伦之乐的温馨。

凭借着长期下厨锻炼出来的一手好厨艺，邵瑞武每隔一段时间就做一餐香喷喷的饭菜。让氤氲的饭香和孩子们的欢颜，使张金兰感受到普通日子里存在的幸福。为了更好地让正在长身体的孩子们吃得有营养，邵瑞武还将营养丰富却因加工手法烦琐而遭到市民们"嫌弃"的泥鳅以低价买回，再耐心地加以处理，最后做成色、香、味、营养俱佳的滋补菜肴，让长身体的孩子们获得更充分的营养，得以健健康康地成长。

1969 年初冬，张金兰夫妻二人同时被关在了大岭[①]的学习班，在里面进行"思想教育改造"。

所谓的"学习班"，事实上是一种没有人身自由的关押，其间不能回

① 地名。

家，而且时间比较长，短要一个多月，长则两三个月。作为七个孩子的母亲，被关在“学习班”里的张金兰十分惦记家里的儿女们。大女儿虽然已经长大成人，但毕竟还只是个年轻的姑娘，又要照顾六个年幼的弟妹。坐在室内的张金兰稍有闲暇就身不由己地朝家的方向张望。

时间在每日的张望中过去了一个月。这天，张金兰又一次朝家乡的方向看过去，这时候一位漂亮的少女趔趔趄趄地推着自行车闯入了她的视线。

居然是二女儿推着两个妹妹，长途颠簸地来给妈妈送小菜渣豆腐。[①]张金兰喜出望外地迎上去。看着一路不知跌了多少次才赶到的孩子们，她的眼眶湿润了。原来女儿知道母亲爱吃渣豆腐，于是就请邻居帮忙做好了，又不辞辛苦地打听着来到“学习班”送饭。在来的途中，二女儿摔了一跤，两个妹妹被摔得号啕大哭，盛在饭盒里的渣豆腐也撒了一地。可小姑娘并没有气馁，爬起来哄好妹妹们，再将地上的渣豆腐小心地拾起来，装进饭盒……

那一天，张金兰吃着硌牙的渣豆腐，看着一脸尘土、满脸欢喜围拢在身边的孩子们，心中的温暖无以言表。

爱是淡化痛苦、医治心灵创伤的良药。在这段暗哑的岁月中，张金兰虽然丢失了一直陪伴自己成长的柳琴戏，却在邵瑞武和孩子们的爱中，慢慢走出了生命的暗影，原本晦暗压抑的心情逐渐变得轻松明朗。只是柳琴戏早已经根植于张金兰的生命中，她无法忘记那些让令自己魂牵梦绕的腔弯巧调儿，那些挥之不去的舞台角色总是在寂寂无声时，悄然潜入梦中、袭上心头，令张金兰不胜唏嘘。

很多年后，当外孙女问及如何面对“文革”批斗时，张金兰先生摆摆手，以一种豁然通达的态度回答：“人生如戏，全当是自己演出了一场（悲情）柳琴戏吧。”而面对同样的问题，丈夫邵瑞武则如同被尖刺扎心，

① 临沂地区一种特色小菜，由切碎的青菜与豆子磨成的汁液混合煮熟的菜肴。

正在端着茶水的手微微颤动了一下，之后他抿了一口茶，缓缓咽下，如同咽下了那段岁月中的苦涩，最后他说："有过多少风光就得遭多少罪，这笔账好算。"

面对人生的苦难岁月，两位相濡以沫的伴侣，以各自不同的处世态度寻找着心理上的平衡。张金兰爱戏如痴，这句解释，恰如其分地点出了她的人生主题——"人生如戏"。既然"人生如戏"，那么"文革"那场悲情戏之后，我们沉浸一时，但终究还是要走出来的，只要从戏中走出，那么无论多么悲情也不过是人生的一种经历罢了。而邵瑞武则以对人情冷暖的敏锐洞察力，为自己找到了合理的心理平衡点。人生无常，看淡高起低落，才能让自己的心静如水。也只有人心静了，才能活得安然不累，若将别人的伤害始终放在心上，那便是对自己生命的不敬，也是对自己的一种放弃。

张金兰和邵瑞武用各自豁达灵活的处世理念，相濡以沫地扶持着、鼓励着，共同走了过来。他们带着对儿女博大无私的爱，携手支撑着家，平安地度过了人生低谷期，不但保住了自己，更为柳琴戏的传承保留了火种。

"以豁达的心胸，将伤害降至最低程度"，这便是人生的大智慧。

第五章
复　兴

“拨乱反正”后的柳琴戏复兴

张金兰回忆：“‘文革’期间翻唱样板戏就是以样板戏的词套柳琴戏的腔调，其他内容什么的都不变…… 我就参加演出了一场，在《红灯记》里面扮演李奶奶。”[①]

在 20 世纪 60 年代末到 70 年代初的时间里，中国戏曲界是“样板戏”一统天下的时代，全国几乎所有的地方剧种都要向“样板戏”学习。摒弃其中的政治因素不谈，“样板戏”作为当时集全国之精英力量推出的戏曲“精品工程”，其艺术发展程度明显高于其他地方剧种。

这一时期，临沂专区柳琴戏剧团跟全国各地的剧团一样，开始了“样板戏”的推广与“移植”工作。所谓的“移植”，就是演员以柳琴戏的唱腔扣样板戏的唱调，进行整出戏的翻唱。这种翻唱对唱词要把握精准，一丝一毫都不可疏漏。在伴奏表演上，乐队也几乎和京剧一模一样，但演员开口唱的是柳琴戏，而不是京剧。其中唱腔的翻唱与在民间班社内排演

---

① 作者采访记录。

“上书本戏”大同小异，是将柳琴戏表现欢乐喜庆的唱腔套用在有着同样情绪表现的样板戏上。1974 年之后，临沂专区柳琴戏剧团主要是翻演了现代样板戏《红灯记》《沙家浜》《智取威虎山》《龙江颂》《杨开慧》等。

柳琴戏翻唱样板戏的工作，就像厚厚云层中透出来的微微曙光，为蛰伏的张金兰找到了回归柳琴戏艺术表演的契机。她积极参与了剧团《红灯记》《沙家浜》《红云岗》等剧目的排演工作，并参演了“文革”十年中唯一一场柳琴戏《红灯记》，在剧目中扮演李奶奶。

精湛的唱功配以规模空前的伴奏音乐，让张金兰演绎的李奶奶大放异彩，再次成为柳琴戏演员们学习模仿的对象。临沂市郯城县蒋庄村柳琴戏演员杨元秀，曾观摩过张金兰扮演李奶奶的表演，由于悟性好、用心，她在唱腔表演等方面受到了全方位的启发，在柳琴戏表演中获益匪浅，很快在蒋庄柳琴剧团脱颖而出。

“江汉春风起，冰霜昨夜除。”

“1978 年 6 月，中共中央宣传部批转了文化部党组《关于逐步恢复上演优秀传统剧目的请示报告》，其后不久，被禁锢十年之久的传统戏得以开禁，全省各剧团竞相上演，上座率很高。”①

1978 年 11 月 28 日，中国共产党十一届三中全会制定了改革开放的路线。此后，求新求变成为一股强大的社会思潮，波及政治、经济、思想、文化等多方面，戏曲艺术也发生了巨大的变化。随着传统戏的复演，临沂专区柳琴戏剧团开始逐渐恢复了柳琴戏传统剧目的演出。

经历了十年浩劫的中国百废待兴，从十年“样板戏”的桎梏中解放出来的广大人民群众，对文化娱乐多样化、精神生活丰富多彩的需求如同久旱的田地，极度渴望“雨露”的滋润。传统柳琴戏的复演，让人们如饮甘饴，观演需求达到了狂热的程度。

在各地区观众对柳琴戏热捧的同时，对于柳琴戏演出，一个迫在眉睫

---

① 中国戏曲志编辑委员会：《中国戏曲志・江苏卷》，中国 ISBN 中心 1992 年版，第 28 页。

的危机也日益凸显，那便是因为十年“文革”的停演，各个剧团的柳琴戏青年演员出现了断层现象。像张金兰一样，曾经在柳琴戏舞台上叱咤风云的角儿们，基本被十年“文革”蹉跎了黄金演出年华，有的年龄偏大，有的则直接退出了柳琴戏表演的大舞台。

一边是心怀余悸又有些力不从心的老一辈表演艺术家，一边是对柳琴戏缺乏认知和表演实践，甚至根本不会唱柳琴戏的青年演员们。如何及时地为地方戏曲补充新鲜力量，如何有效地缓解文化市场对地方柳琴戏迫切的需求，成了20世纪70年代末期如何促进柳琴戏发展的当务之急。

为了解决剧团因十年停唱传统剧目所造成的青黄不接、后继乏人的局面，临沂地区针对性地成立起艺术学校，并开设了柳琴戏专业，前期招收了100名学员，按京剧、豫剧、柳琴戏等剧种分班级培养。现临沂市柳琴戏传承保护中心主任宋兆连、副主任刘桂红、临沂柳琴戏剧团团长梁福生等柳琴戏接班人，都是临沂地区文艺班的第一批学员。这批学员经过一段时间的培训后，很快充实到了柳琴戏剧团中。他们在张金兰等老一辈表演艺术家无私的传承教习下，柳琴戏表演技艺得到了飞快地提升，很快登上了柳琴戏表演的大舞台，并在频繁的演出活动中，逐渐走向了成熟。

正所谓“长江后浪推前浪”，迅速成长起来的年轻柳琴戏演员们逐渐占据了柳琴戏表演的大舞台，面对活力四射的后起之秀们，作为上一辈的知名柳琴戏表演艺术家，张金兰又该何去何从？毋庸讳言，但她很快将这种失落转化成了再次扬帆起航的动力。

1979年，是柳琴戏继中华人民共和国成立初期的观戏高峰后的第二个高峰期。在十年“文革”的特殊时期，由于政治原因，人民群众对各种艺术形式的需求被压抑。期间，亲民、乡土、自然的柳琴戏更是在一种高需求的态势下被骤然禁演。这种被强制压下的需求犹如弹簧，所承受的压力越大，反弹的力度就越强劲。空寂了近十年的柳琴戏大舞台几乎在刹那间变得炙手可热。

面对十年荒废的黄金岁月，面对崭露头角的柳琴戏新秀，作为20世纪五六十年代轰动一时的柳琴戏表演艺术家，张金兰并没有同剧团的年轻人们去争夺柳琴戏表演的大舞台，她选择了理性地退出。尽管这样的选择对她来说，是充满了痛苦与无奈的。

1978年，张金兰递交的内退申请获得批准。

退出舞台后的张金兰另辟蹊径，接连参与了县区如春笋般重建的地方柳琴戏剧团的组建与改编活动中，为青黄不接的柳琴戏大舞台培养了大批后继人才。可以说，这种以退为进的选择，是一次凤凰涅槃后的重生，也是一个全新的开始。

“水深则流缓，语迟则人贵”。人生就是这样，高起的喧闹总是让人无法静思，而历尽磨难的时光却能使人沉淀。张金兰在历经的挫折与困苦中汲取成长的智慧，把人生路上的绊脚石变成垫脚石，在柳琴戏演艺事业的道路上慧心独具，由演出到传承，从另一个角度为柳琴戏的发展再次扬帆起航。

1981年夏天，文化站长周成举联合张金兰组建了临沂县城区柳琴戏剧团。在柳琴戏的圈子里，张金兰是块响当当的金字招牌，凭着其在民间的影响力，该剧团很快招齐了六七十名学员。这群焕发着勃勃青春气息的青少年，基本都是来自临沂县区及周边的乡镇，年龄大多十二三岁，其中有一些学员还是临沂京剧团与柳琴戏剧团里的艺人子弟。当时加入该剧团的少年钱峰，就是张金兰在临沂柳琴戏剧团的同事之子，现已成长为临沂柳琴戏剧团的柳琴主弦。说起这段经历，钱峰颇为感慨：“我就是艺人子弟，我的父母曾经是张金兰老师的同事。在没入该剧团之前，我也常听父母提到张金兰老师，知道她柳琴戏唱得很出名，但因为当时年龄比较小，并没有很在意。后来入团之后，认识了张金兰老师，并通过张老师认识了柳琴戏，喜爱上了柳琴戏，这之后就开始从事柳琴戏表演工作了。”

组建“临沂县城区柳琴戏剧团”，张金兰投入了巨大的精力，虽然只有一个班，但从乐队班子的组建、文武场的区分、剧目的整理教习等诸多事宜，都由她亲力亲为。那段时间，她几乎每天早起晚归，天天泡在小剧团内。天不亮就带着学员们锻炼基本功，从练嗓、踢腿到文场、武场伴奏的区分形式，不但对学员的表演业务进行深入细致的教习，剧团其他事务也不遗余力。

小剧团的学员大多数为初次接触柳琴戏表演，对他们来讲，柳琴戏是抽象又模糊的。张金兰通过“口传身授”的传统教习方式，用自己的表演，将柳琴戏具体而生动地表现出来。在口对口的传唱中，她将自己多年在柳琴戏唱腔表演中所领悟到的意境美、线条美、装饰美和语言美呈现出来，让学生心领神会；同时她还通过外部表情、动作、眼神让学生充分体会戏曲韵味美的所在。教习期间她反复强调：“表演要对人物倾注全部感情，手、眼、身、法要密切配合。”学生在一句句的跟唱中，真切地体味到了戏曲艺术的魅力之所在，逐渐对学戏产生了浓厚的兴趣。

在繁忙的教习工作之余，张金兰对传统剧目进行了整理、编演。这一时期，她先后为小剧团重新排演了《蜜蜂记》《王三姐挖菜》《花园对诗》《大破洪洲》《三击掌》《王二英思夫》《喝面叶》《丝鸾记》《状元打更》《秦香莲》等脍炙人口的经典传统柳琴戏剧目。

临沂县城区柳琴戏剧团成立前期，为了让使学员们能够真切地感受到来自大舞台的柳琴戏风采，张金兰重新粉墨登台，再次登上了新新剧场的大舞台。

依旧是新新剧院的大舞台，依旧是曾经响彻齐鲁大地的名角儿张金兰，依旧是观众热切的目光，依旧是婉转悠扬、萦绕耳畔的柳琴伴奏。在历经了“文革”十年的沧桑之后，重现舞台的张金兰是否还是昔日那位“暗娇妆靥笑，私语口脂香”的风华少妇？岁月的沧桑是否已令这位名角儿的风华消失殆尽？

大红帷幕开合处，张金兰明眸流转、黛眉轻挑，身姿窈窕如故，凌波微步，款款而来。依旧是婉转绮丽的花腔巧调，依然是字清音朗、极富感情色彩的说唱形式，张金兰无法超越的高品质柳琴戏表演，让观众如久渴逢甘露，盛夏沐凉风，其间的欣喜不言而喻。这一场无心插柳的演出，瞬间勾起了戏迷观众们的戏瘾，在他们强烈的呼吁下，这场原本只是供学生学习、群众参与的柳琴戏观摩授艺演出，一发不可收地蔓延开来。从而成就了张金兰柳琴戏演绎事业的第二次高峰。

事实上，角儿张金兰与临沂城的戏迷观众，原本就是紧密相依、你追我随的。只是十年“文革”让他们太久没有相遇，双方皆以为此生再难重逢，可是这次的带妆教习，令观众如梦惊醒，欣喜若狂。这种失而复得的惊喜，飞速地捕获了戏迷们的感知神经，他们疯狂了。曾经在五六十年代风靡一时的观戏狂潮，再次席卷了蒙山沂水。

1981 年的年底，从柳琴戏戏迷的高涨热情中窥探到商机的中国宁波唱片社，主动寻找到张金兰的家中，与张金兰夫妻就再次灌制唱片的事情进行了商榷。

返聘演出　再掀高潮

> 张金兰回忆："1982 年第二次唱片录制出来后，在解放路路口音像店播放的时候，大家听到声音都停下来听戏，人越聚越多，最后把路口都堵死了，交警出动才疏散开了……"[①]

1982 年年初，应广大观众的要求和社会的需要，张金兰再次回到了柳琴戏剧团的大舞台，进行柳琴戏经典名段唱片的第二次录制。在这个熟悉的地方，张金兰素面布衣登台演唱，台下是特意邀请过来观摩表演的县领导和柳琴戏剧团的演职员们。心情颇为激动的张金兰倾情投入，令现场的观众再一次领略了《喝面叶》《秦香莲》《三击掌》《丝鸾记》《鸿雁捎书》《樊梨花点兵》等精彩纷呈的经典唱段。

唱片在全国发行之后，瞬时引发了热议，国家、省、市电台、电视台、报刊等新闻媒体争相多次专题报道。

---

① 作者采访记录。

对于第二次唱片的录制，张金兰先生至今记忆犹新。当她将多段脍炙人口的经典唱段逐一完成之后，观众席上站起来一位年轻的领导，他神情激动地快步走上舞台，紧紧握着张先生的手连发感慨："张老师啊，我可是听着您老人家的戏长大的，现在重新又听到您的戏，感觉真像做梦一样啊。"

这位年轻的领导是临沂地委前副书记张清波的儿子。在20世纪五六十年代，临沂地委书记薛亭、副书记张清波都非常喜爱听张金兰的柳琴戏。60年代初期，第一批唱片录制发行之后，不论是机关的家属院，还是民间的小瓦房，到处都播放着张金兰的柳琴戏。特别是广大妇女同志们，为了听她的柳琴戏，整天守着唱片机，大门不出二门不迈的，成了地地道道的"家属"。为此地委书记薛亭戏称，张金兰的柳琴戏就是咱们临沂地区的"拴老婆橛子"。

但谈到第二次唱片的录制效果，张金兰先生轻轻摇头，看上去并不十分满意的样子。在老先生看来，因为"文革"十年中柳琴戏演出的被迫中断，二次录音的演出质量相较于60年代初期所录制的首批唱片，稍显逊色。

实事求是地说，80年代那批唱片的录制其实是相当精彩的。提及这批唱片录音过程，为其伴奏的剧团乐队琴师董守庆先生仍兴奋不已：张金兰先生唱得太好了，特别是经典《王二英思夫》，情感饱满且有弹性的演唱很快将伴奏人员带入了戏中，琴师们将亦满腔激情倾注到琴弦上，大家竖起耳朵、瞪大眼睛，几乎调动了身体的每一根感知神经，如影随形地追随着其腔里变化不定的情感变化，越伴奏越起劲儿地调整着自己的伴奏，眼睛都顾不上眨一下。几乎每一位演职人员都为这种全身心地投入演出而自豪。

在该唱片刚开始发行的时候，位于解放路音像店因为播放该唱片，还曾引起过老临沂人都知道的"交通堵塞"事件。

那一天，当张金兰新灌制发行的唱片在音像店播放的时候，缭绕婉转的柳琴戏将过路的行人吸引，大家忍不住驻足听戏。随着精彩片段的连续播放，听戏的人越聚越多。最后，长长的听戏队伍堵塞了路口，造成了严重的交通拥堵，直到交警出动才得以缓解。

1982 年唱片的再次发行，让原本就炙手可热的柳琴戏表演更加火爆。在广大戏迷日趋强烈的呼声中，临沂柳琴戏剧团顺应民意，于 1983 年年底返聘张金兰回团挂牌演出。这对重返舞台的张金兰来说熟悉又陌生，欣喜且开怀。

临沂周边的戏迷们至今仍记得，每逢四月十五举行的鸿福寺庙会上，庙门前热热闹闹地搭起戏台，张金兰连唱三天的柳琴戏，让原本就人流如织的庙会人气暴涨，从四面八方赶过来的老百姓将大戏台围得水泄不通。

“那时候临沂柳琴戏剧团的演出相当频繁，我们毕业刚分配到剧团，年初三便跟着剧团出去唱戏。”临沂市柳琴戏传承保护中心主任宋兆连忆及往事，感慨连连。

那时候，剧团的演员们自年初起，就备齐行囊去县区巡演。当时，剧团租赁运输公司的大货车拉布景道具等，演职人员则将铺盖、干粮以及洗漱等日用品打包自带。巡演从最近的县区剧院开始，一个地方至少要待上一周时间，这一路喧嚣一路柳琴戏，从春节刚过唱到麦梢焦黄。说起期间的辛苦，已经在临沂市柳琴剧团干了三十多年的梁福生回忆道：“当年我跟着师父一起下乡演出，带着铺盖卷，坐着拖拉机，晚上就用麦瓤铺在地上取暖……”从大年初二直到麦收，一演就是一百多场，年龄小的演员们常常因为想家而掉眼泪。

也正是这一时期，再现了艺术青春的张金兰，重走 20 世纪 60 年代初的巡演之路，足迹遍布临沂周边的县区，柳琴戏再次唱响了蒙山沂水。

这一时期，深陷“文化饥渴”的观众热情高涨，场场爆满，令张金兰的柳琴戏戏票再次出现了“一票难求”的状况，很多普通市民想看一场她的柳琴戏，走后门找关系也不确定能买上票。

说起这一时期的盛况，张金兰的儿媳刘桂红神采飞扬。

1983 年，刘桂红刚刚踏入临沂柳琴戏剧团的大门。因为当时剧团演出十分红火，他们这些刚入剧团的年轻演员也随着剧团到罗庄矿区参加演出。当矿区的职工和当地百姓得知是张金兰要来演出时，所有的人都沸腾了。很多人天不亮就去排队买票，戏票很快被抢购一空。演出当天更是盛况空前，人们里三层外三层地将舞台围得水泄不通，每位观众的脸上都写满了兴奋。

演出结束后，观众席上掌声如雷，经久不息。面对沸腾的观众，张金兰接连谢幕仍然无法平息观众高涨的热情。她的柳琴戏表演就如隔年的陈酒，带着四溢的浓浓乡音乡情，醉了观众。

第六章

传　承

全心全力　培育新人

张金兰回忆："当时俺家乡郯城县京剧团改柳琴戏，县里领导找上门来请我去帮忙，当时俺和邵瑞武就一起去了，我清清楚楚记得，是 5 月 6 日去的郯城，直到 8 月 15 才返回家中过节……"[①]

山川故里行，乡思惹人愁。

对于故乡郯城，张金兰充满了依恋之情。素有"柳琴戏之乡"之称的郯城也以有张金兰这样技艺精湛的著名柳琴戏表演艺术家为荣。在郯城名人志里面，有张金兰的介绍；在郯城人们喜爱的郯城柳琴戏剧团中，演员们身上的一招一式、嘴里的一腔一调，都有张金兰柳琴戏表演风格的印记。

那些年，张金兰在该剧团不仅教授演员们对角色的把握、唱腔的处理、分寸的拿捏，更教给他们如何发挥自身长处，如何与台下观众直面交流各

① 作者采访记录。

自的情绪。这样倾囊相授的无私教习，既表现出了张金兰对家乡热爱之情，更体现了她热爱柳琴戏、迫切希望将柳琴戏表演艺术传承下去的愿望。

1984 年，郯城宣传部领导亲自登门，邀请张金兰夫妇协助将当时郯城的京剧团全方位改组为柳琴戏剧团，面对家乡的邀约，张金兰没有丝毫的犹豫，爽快地同丈夫邵瑞武一起奔赴家乡郯城。

说起这次柳琴戏改编工作，九十岁高龄的张金兰先生记忆犹新："我清清楚楚记得，是 5 月 6 日去的郯城，直到 8 月 15 日才返回家中过的中秋节。"

从花开正好的五月，到硕果累累的中秋，张金兰与邵瑞武夫妇几乎常驻于老家郯城，用了整整一个季度的时间，全心全意地为家乡人民整改柳琴戏剧团做着努力。这一时期，为了家乡柳琴戏的传承发展，张金兰夫妻一字一句、毫无保留地教给由京剧转行学柳琴戏的演员们。尽管夫妻二人的教习方法各不相同，却同样倾力尽力，毫无保留。为家乡、为柳琴戏的传承发展做出巨大贡献。

书生气十足的邵瑞武走的是学院派路线，示范动作标准严格，一个动作和眼神皆有一定之规，可以说是"讲得明白，教得规矩"。而张金兰唱了一辈子柳琴戏，深涉柳琴戏表演之精髓，其教习方法与丈夫邵瑞武大相径庭，教戏为辅，启发为主。她从人性自由的方向出发，先打破制约思维和发展的条条框框，开发学员的潜能。在口传身授时，她并不要求学生非要和她做的一样，强调可以根据剧情和自身特点去做动作。有了这样的表演思维，才能让所演出的每场戏都能带给观众惊喜，塑造出的每一个人物形象都异常鲜活。

张金兰先生当年用心教习的学生现在都已经成为柳琴戏的栋梁之材。其中学生田世芬，现为临沂柳琴戏传承中心的主要演员；李俊福、邱现堂等已成为活跃在全国各地的柳琴戏舞台上骨干力量；而徐孝芹、女儿邵芳等则在艺校做老师，为柳琴戏的传承发展贡献力量。

张金兰热爱柳琴戏，她迫切地希望柳琴戏能百唱不衰地在戏曲大舞台上传承、发展下去。这样的希望支撑着她对教戏、传承工作忘我投入。为了柳琴戏的传承发展，她可以抛家舍业，可以不眠不休。但世间万物的兴衰总是此起彼伏，令人始料未及。就在张金兰的教戏传承工作初见成效，弟子学员们开始逐步撑起柳琴戏表演的大舞台时，国家改革开放的政策却给曙光乍现的柳琴戏带来了意想不到的冲击。

20世纪80年代中期，改革开放使全国各地的经济得到了迅速发展，越来越多彩的娱乐方式走入人们的生活，电唱机、录音机、港台明星、流行音乐等，这些充满了新鲜感的高科技产品和流行音乐让年轻人目不暇接，柳琴戏与京剧、豫剧等剧种受到新兴娱乐形式的剧烈冲击，开始逐渐淡出了人们的视野，剧院观众锐减，柳琴戏在短暂的复兴之后，再次跌入了低谷。

演出市场的萧条冷落，让演员们陷入了长时间无戏可演的尴尬境地。老艺人相继去世或退休，众多创作、演职人员因为生存压力被迫转行，柳琴戏表演人才青黄不接，许多精彩唱腔、唱法和表演艺术没有得到完全继承，有些甚至濒于失传。张金兰倾注心血教习出来的得意弟子为了生存，也在这一时期弃柳琴戏而去。提及此事，喜怒皆形于色的张金兰先生连连摇头，频频摆手，一脸不悦地示意打住此话题。

可以想象，老人家一生视戏如命，亲眼看着柳琴戏几番沉浮，最后由盛至衰，看着身边的柳琴戏演员走马灯一样离去，最后连自己得意的徒弟也舍戏而去……这份沉痛与无奈，随着岁月的变迁，逐渐成了其心头的一块伤疤，触及便会痛，于是干脆绝口不提。

这是柳琴戏继“文革”之后的第二次低迷期。

可凭着一股执着与韧劲，从80年代的低谷期至现在，张金兰一直在为低迷的柳琴戏做着力所能及的努力，并坚持不懈地为柳琴戏指导和培养着后继人才。

说起婆婆张金兰对柳琴戏传承所付出的努力，刘桂红女士仍不免动容：“婆婆当年为了支援家乡柳琴戏的传承发展，把家都撂了，而我们为了帮婆婆看家，把自己的小家给忽略了。就在婆婆常驻郯城教戏那一年，因为我们天天住婆婆家里，自己空置的小家却遭到了窃贼的洗劫……”说到这儿，性情温和的刘桂红依然秀眉弯弯，笑眼盈盈。

见状，鹤发童颜的张金兰先生也跟着笑起来。这一刻，张老先生不再是一位严谨的表演艺术家，而是一位和蔼的长者，慈祥的母亲。

低谷中的默默坚持

张金兰回忆："80 年代后期听戏的人就少了，不过我和邵瑞武有时候也能接到演出邀请，接到邀请俺们就去演出，一般演出地点都在乡镇、社区、广场那些地方，看得人也不老少……"[①]

面对柳琴戏的再次萧条，年过半百的张金兰已没有了十年"文革"时那种痛失后的挫败感与痛楚，时光沉淀了热爱与激情，让其变得更加淡定与从容。

这一时期，已经儿孙满堂的张金兰，在为柳琴戏的传承发展奔忙努力的同时，亦保持着内心的平静与坦然。日常生活中，她除了悉心教导上门求教的柳琴戏爱好者、默默地为柳琴戏的复兴而培养后续人才外，便与丈夫邵瑞武含饴弄孙，享受人到中年的宁静与安然。

因为繁忙的演出工作和丈夫邵瑞武的爱护，张金兰一向不擅长做家

① 作者采访记录。

务。可随着儿女们的结婚生子，隔辈儿孙逐年增多，再加上经常登门讨教柳琴戏表演的学生们，家里门庭若市，一直热闹非凡。为了让家里的孩子们及时吃上饭、吃好饭，逢年过节，在邵瑞武忙不过来的时候，张金兰也会挽袖上阵。虽然不能烧得一手好菜，却也能另辟蹊径，巧手做上一些极具特色的好吃的、好玩的：如端午节期间，包粽子、编五色手链。

生活中乐趣的多少，其实在于人是否有情趣；而人的情趣，亦不过是对日常生活中美好事物的敏感度罢了。大半生都活在戏中的张金兰，在中年之后，逐渐将戏中的情调融入生活中。

春末夏初的端午节，是张金兰比较重视的传统节日。早在端午节的前一天，她便将提前准备好的五彩丝线拿出来，准备为儿孙们编制据说能够辟邪的五色手链。戴上花镜的张先生，认真地将五彩丝线拧在一起，然后将编织好的一条条精致美观的手链摆好，等孩子们到家后再一一为他们戴上。这种色彩绚丽的手链不单沿袭了传统辟邪的功能，更寄托了前辈张金兰对亲人的热爱。

晨曦初露时，她已悄然起身，在晨雾中寻找最芳香的艾草。等孩子们揉着惺忪的睡眼起床时，门两边碧绿鲜嫩的艾草在微风中摇曳，独特的艾香氤氲满屋。

早饭过后，送走了上班上学的孩子们，张金兰便挽着衣袖坐在了两大盆泡好的黏米和粽叶前。她一边给外孙女讲着屈原的故事，一边双手拿起三片粽叶，随着手腕和手指的灵巧抖动，掌中漏斗状的粽叶已经“内容丰满”。鲜亮的红枣，碧绿的粽叶，孩子稚嫩的笑脸，与张金兰慈爱的面容在阳光中交相辉映，形成了一幅充满了生活气息的画面。或许对于张先生来说，包粽子犹如唱柳琴，手腕的一转一折，一抖一绕，都如对柳琴戏花腔中细小腔弯儿的驾驭，那种熟稔，也算是生活的一种境界了。

形象整齐、色泽清新的粽子包好之后，被张金兰小心的摆入大锅。当热气蒸腾的大锅里飘出粽香的时候，张先生心里已经盘算好了这些粽子的归属，给孩子们送多少，给亲朋好友送多少，还要留一些给来家学戏的同学们。

夏天，清爽的沂河风在小小的院落内回旋。沐浴着风儿送来的凉爽，张先生忙碌着切好西瓜，摆好水果，将客厅内铺上宽敞的凉席，再满怀欢欣地看着隔辈的孙男娣女与小女儿们玩耍嬉戏，那一份满足，那一份惬意，都在眼睛的慈爱和嘴角的微笑呈现出来。

夏雨多时，张金兰的心事也随着频落的雨多了起来。青石铺就的小路因为年代久远，被磨得纹理错杂，光滑圆溜，张先生担心孩子们走在上边，一不小心就容易滑倒。于是，每当有儿孙在雨天归家，张金兰必定会撑了伞，“踢踢踏踏”地循着青石板路去迎接孩子们。

雨巷中高高的青灰砖墙，墙缝间被岁月浇灌生长的苔藓与暗绿色的小草，张先生撑着雨伞蹒跚迎过来的身影，经过岁月的洗礼后，都定格在孩子们的记忆中，成了他们童年最温暖的、挥之不去的记忆。

秋天，天气转凉，张金兰依然沿袭着数年来养成的习惯，早早起床。兴致好时，便牵着外孙女儿稚嫩的小手，踏着被秋风追逐的满地跳跃的落叶，热乎乎地走上几里地。来到临沂城南关的老糁（临沂方言读 sá）馆。木质的板凳儿，一长溜的方桌。坐在熙来人往的人流前，喝上一碗驱寒味醇的糁汤[①]，碰到熟人就让孩子甜甜美美的喊上一声爷爷奶奶。“伸手不打笑脸人”，这是张先生自小便明白的处世道理。

平静的日子中，偶尔也会有事关柳琴戏戏迷的小笑话发生，每每家人在一起时提及，便引发掺杂着些许自豪的笑声。

众所周知，张金兰有众多粉丝，除了山东各地的，江苏的，还有浙江的。一天午后，“砰砰砰”的敲门声牵动起外孙女轻快的一溜儿小跑。随着吱吱呀呀的开门声，一位陌生的青年男子一脸虔诚与热切地站在眼前。

---

① 《礼记·内则》载：“糁，取牛、羊、豕之肉，三如一，小切之，与稻米二，肉一，合一为饵，煎之。”

他激动地红着脸说想见张金兰，张先生便闻声走了过来，说："我就是！"小伙子先愣后黯然，最后凄然泪下。

唱片中那位声音美到风情万种、千娇百媚的千金小姐和眼前这位慈祥的长者实在差异太大。梦想的玻璃花瓶在现实中跌得粉碎，带着少年的情怀与梦想前来投奔的戏迷，却带着无比的伤情与失落哭着走的。目送着青年人的背影，见惯了戏迷百状的张先生除了祝福，更是哑然失笑后的怅然，柳琴戏何时能恢复往日的热闹？舞台又何时能够再创往日的辉煌？

对张金兰来说，对于柳琴戏表演艺术的那份痴与爱，是镶嵌在生命里，不论在什么情况下都不会更改和忘却的。柳琴戏就像一道光，能让生命变得丰富多彩。为此，在柳琴戏演出市场萧条的那些年，春节过后偶尔的一场邀演，便成了张先生最开心的时刻。她认为，在戏曲低靡时仍保持着观赏柳琴戏的喜好，那必定是柳琴戏的知音人。为了回报戏迷观众对柳琴戏的坚持，也为了让更多的人加入到柳琴戏的戏迷队伍中来，张金兰总是拿出一腔赤诚去排演。那声情并茂、出神入化的演出总是令观众大呼过瘾，有一次，还让自家的外孙女信以为真，受了一场虚惊。

那是1986年春节后，芝麻墩迎来了节后的第一个集会。为了活跃节日气氛，居委会布置了最能体现春节热闹、隆重的节目，那就是请柳琴戏名角张金兰来集会唱上一天"柳琴戏"。

当时柳琴戏虽然不景气了，"张金兰"这个名字，却仍对当地的老百姓具有极大的号召力。当村里风闻柳琴戏名角张金兰要来唱戏时，男女老幼齐动手，提前三天就搭好了戏台子。戏台子由土培成，方方正正的，四面由四根木棍与芦席围成了挡风的戏台。正式开演那一天，天气不太好，呼呼的东北风似乎要撕裂幕布一般。

张金兰夫妻带着小外孙女，冒着严寒来到了演出地点。两位老戏骨当天演出的是一场精彩的传统戏，名字叫《状元打更》。张金兰在该戏中扮演女主人公刘月英，此女性格倔强好强，英姿飒爽，与张金兰以往柔弱小姐佳丽的扮相反差很大。特别是刘月英学成武艺之后“策马扬鞭、部署三军”这场戏，张金兰充沛的情感投入，让观众听得心潮澎湃、荡气回肠。

刘月英：刘月英坐马上我是呵呵大笑（哇），
叫三军和二郎你是听我遣（啊）调（哇）。
我叫您一个个人要顶盔，
我叫您一个个马配鞍牢（啊）。
贵子马，里外跑，
有事报予我知道（啊）。
点五百长枪手头前开道，
点五百短刀手压制后哨。

说一声好（哇），本帅官高，
做武官我也是替主代劳（啊），
替主代劳（啊哎）【尾腔】。
说一声好（啊），本帅官高，
平灭了太行山我就交职回朝（哇啊）。

刘月英坐马身前思后（哦啊）想（哎），
思前言想后语我好心伤（啊）。
家住在新安府咸阳小县那，
沈文素他是我的结发的夫郎（啊哎【尾腔】）。
六年前他进京邦前来赶考（哇），
家中里饿死八十岁老娘（啊）。

俺母子在家中没有养恋（哪），
带守保小孩儿找奔京邦（啊）。
子跪前妻跪后，他没将俺认（哪），
一飞签二火票（他是）逐俺回乡（啊哎【尾腔】）。

俺母子走深山、深山旷野（呀），
王天表那老儿其心不良（啊）。
差大将名铜锤钢刀一口（哇），
来至在葡萄架要把俺伤（啊）。

我的儿多亏了孙白老道（哇），
刘月英多亏师傅救上山岗。
在高山我学艺三年有余，
文也会武也会样样皆强（啊）。

有福的柴王爷登基坐殿（哪），
无福的老张龙他也要反京邦（哚哎【尾腔】）。
万岁爷见此事心中害怕，
修一道皇榜武门贴上。

刘月英到武门我揭了皇榜（啊），
封我个司马帅镇守京邦（啊）。
上金殿我也曾拿本参奏，
本参得沈文素他是替我解粮。

进大帐先打他四十军棍（哪），
（啊）报一报（啊）三年前是那场冤枉（啊哎）。
嘴里说心里想来得好快，
远远地望见了太行山岗。

刘月英坐在马身来把令行，
叫声大小三军兵！
我叫您逢着大道是双摆队，
我叫您遇到小道是单摆行。

鞭子掉了使枪挑，
不许您下马学柳青。
哪一个下马是看美女，
我叫您两耳插箭游大营。

别怨大人我的王法重，
这就是人随王法草随风。
兵好好（咪啊）将好好（啊），
四十五里安大营。

本唱段一气呵成，流畅自然。从第一句“刘月英我坐马上我是呵呵大笑哇”，张金兰以“二行板”演唱，激情流畅的腔调将女主人公刘月英揭榜挂帅后那种扬眉吐气、畅快淋漓的感觉唱了出来。及唱至“说一声好啊本帅官高”时，情绪由欢快慢慢回收，等到“刘月英坐马身前思后哦啊想哎”的“前思后想”时转为慢板，腔调随之缓慢拉开，女主角的情绪很自然地由挂帅领兵的欢快饱满转为回忆不堪往事时的伤感悲伤。整个唱段演唱得干净利索，起伏有序，将大起大落的感情过渡得非常自然流畅。整场戏唱下来，令听者有了伏天吃冰淇淋一般畅快淋漓的感觉。

这场戏张金兰将青衣、武旦的表演融为一体，既表现出了刘月英的气宇轩昂，又体现出了她为人妻不计前嫌的博大胸怀。特别是她在“军营内杖责夫婿沈文素”时，入神的表演直接将观众带入了戏中。

却见舞台上柳眉高挑的张金兰一声娇叱，却听“噔啷啷”一声响，其掌下带风地扔下了军令牌，马上就要对喜新厌旧、攀龙附凤的丈夫沈文素执行军法，狠狠杖责四十军棍。

随着锣鼓点子的气氛渲染，和两侧兵卒“呜呀呀”长吼着作势挥棍，眼看黑色的道具“军棍”就要落在一袭白衣的状元沈文素身上。坏人即将受到应有的惩罚，观众正欲拍手称快的时候，忽然从台下奋不顾身地爬上来一位五六岁的小姑娘。只见这位胖乎乎的小姑娘连跪带爬地冲到张金兰身边，用稚嫩的小手死死拉住其戏服一角，珠泪满面地苦苦哀求：“姥姥不要打姥爷，求求你不要打姥爷啦！”

观众一愣之下，很快明白了事情的真相。原来是张金兰先生在戏台下看戏的外孙女莉莉被夫妻二人逼真的演出带入了戏中，小姑娘眼见着姥爷要挨姥姥的打，遂奋不顾身地上台来救人。小姑娘真情流露的“参演”惹笑了所有在场的观众，也令戏台上的张金兰夫妇心中倍感温暖。

演出结束后，邵瑞武将兀自在后台小声饮泣的外孙女抱在怀里，柔声安慰到：“这是戏，傻莉莉，你姥姥是演戏，这不是真的！”但因为张金兰的演技实在太传神逼真了，致使小姑娘好几天都无法从“姥姥打姥爷”的心理阴影中走出来。以至于那段时间，见了张先生就跑开，好几天不理人。这件事让张金兰无奈的同时，也感慨连连：“真是个重情重义的傻孩子啊！”

事实上，儿孙辈们的重情重义，又何尝不是张金兰言传身教的作用呢？老先生常说“要善良，凡事都要往好处想”；对于亲人、朋友、学生，张先生总是掏心掏肺，倾其所有；对于柳琴戏，眼中更是揉不得沙子，为了柳琴戏的再度辉煌，这位对柳琴戏挚爱并努力过一生的老人家，即使到了垂暮之年，也从未停歇。

家族传承 人才辈出

刘桂红回忆："刚开始我觉得婆婆的名声太大，唱腔不好学，所以心里总是没底，学得比较慢。婆婆很有耐心，在家里不厌其烦地一句一句教我，唱到兴头上她还会用手拍腿打拍子，因为太投入，大腿都拍得青紫了。"①

儿媳刘桂红既是张金兰先生的老乡，又是老先生的衣钵传承人。两人的婆媳缘分也因柳琴戏而起。

张金兰是著名的柳琴戏表演艺术家，不管在哪儿，只要提及柳琴戏，"张金兰"的名字总会出现。也正是因为其巨大的影响力，刘桂红早在作为临沂地区行政公署文艺班的第一批学员时，就经常和同学们慕名拜访这位老前辈。对于好学上进的晚辈后生，张金兰总是热情接待，不但对他们就唱腔和表演技巧方面进行耐心地指点教习，还经常拿出家中的美

① 作者采访记录。

味同大家分享。却未曾想到，机缘巧合中，一位声名远播的柳琴戏表演艺术家，一位漂亮娴静的艺校女学生，居然因为一位热心人的介入，师生关系在1982年时发生了奇妙的转变。从此，张金兰不但多了位温顺乖巧的儿媳，更多了位聪颖好学的柳琴戏传承人。

1983年，刘桂红嫁入张金兰家之后，自然而然地跟着张金兰学唱起了柳琴戏。刚开始时，刘桂红对婆婆的唱腔并不是很理解，总觉得老人家唱柳琴戏老腔老调，乡土气息太过浓郁，没有新意。然而，当她随剧团下乡之后，每到一处，都会听到戏迷们提起婆婆张金兰的名字，从戏迷热络的话语中，刘桂红才深刻感受到百姓们对婆婆的喜爱与崇拜之情。

事实上，各类艺术形式的表演，都是为广大观众服务的，柳琴戏亦然。柳琴戏表演得好与不好，观众最有话语权。纵观观众对张金兰柳琴戏的喜爱，历经几代都不曾遗忘，这便是观众对张金兰柳琴戏表演艺术的至高评价。“既然这么多老百姓喜欢听婆婆的戏，那么她独有的艺术风格就是值得我们推崇和学习的。”刘桂红从观众的态度中体会到了张金兰柳琴戏表演艺术的价值。从此以后，她在当好儿媳的同时，开始虚心向婆婆请教唱腔表演的技巧。

“刚开始我觉得婆婆的名声太大，唱腔不好学，所以心里总是没底，学得比较慢。婆婆很有耐心，在家里不厌其烦地一句一句教我，唱到兴头上还会用手拍腿打拍子，因为太投入，大腿都拍得青紫了。”

经过张金兰深入细致的教习，刘桂红在柳琴戏表演道路上逐渐成长起来，这时候她才发现老人家看似乡土的唱腔其实大有学头，特别是能准确表达细微情绪的小腔弯儿，唱起来特别有技巧，真的需要倾情投入才能运用自如。为此，她在学习上更加用心和细心。这一时期，长者诚心教授，幼者虚心向学，在这个柳琴戏世家中，无论是在饭桌上、厨房里，总会出现婆媳您教我学，不亦乐乎唱柳琴戏的场面。在张金兰的精心指导和自身的刻苦努力下，刘桂红艺术理论水平和业务演出能力不断提高，逐渐成长为剧团撑起柳琴戏表演的中流砥柱，越来越受到鲁南苏北等地柳琴戏观众的喜爱。

作为成长在柳琴戏表演大舞台上主要演员，20 世纪 80 年代初期，刘桂红也像大多数柳琴戏演员一样，目睹了曾经热闹的大舞台在短时间内的冷落萧条。那段时间，临沂柳琴戏剧团几乎陷入了瘫痪的状态，到了几乎无戏可演的地步；即便偶有演出，寥寥无几的观众席也令人心情沮丧。

面对纷纷转行的同事和味同嚼蜡的工作状态，刘桂红陷入了前所未有的迷茫。一方面，她找不准自己的“位置”；另一方面，萧条的演出现状，使她看不到柳琴戏复兴的希望。是放弃还是继续坚持？就在刘桂红摇摆不定的时候，作为柳琴戏界的老前辈和家中的长辈，张金兰语重心长地开导她说：“任何事物的发展都会有高潮和低谷，何况柳琴戏有过去的辉煌。现在既然你选择了这条路，就要好好地走下去，不能因为它现在的不景气就嫌弃它，要练，要唱，要对它着迷，要做到拳不离手、曲不离口。”就是这番话，激励着儿媳刘桂红坚定不移地守在柳琴戏的大舞台，一干就是四十年。

现在，刘桂红为国家一级演员，中国戏剧家协会会员，山东省非物质文化遗产传承人。由于得到婆婆的鼓励与亲传，近年来刘桂红凭着娴熟的演出经验和高超的演出技艺，在柳琴戏表演上取得了不少可喜的业绩。她不仅主演了《姊妹易嫁》《清风亭》《卧龙求凤》《王祥卧鱼》等多部精品剧目，还先后获得了山东省“齐鲁金盾艺术奖”一等奖；第四届“中国戏剧奖 · 小戏小品奖”最佳演员奖等荣誉。特别是 2013 年至 2015 年间，由其主演的《蒙山沂水》，荣获第七届中国舞蹈荷花奖特别奖、省精品工程奖和首届泰山文艺奖一等奖；《沂蒙情》获文化部第十届中国艺术节“文华奖”优秀剧目奖、山东省“精品工程奖”；她还被临沂市政府评为先进个人，授予“新沂蒙 · 新红嫂”十佳女文化工作者、“三八红旗手”等荣誉称号，荣立“个人三等功”。

而在张金兰家中，刘桂红并不是唯一的柳琴戏传人，儿女们大多都与柳琴戏结过缘，特别是邵梅、邵芳两个女儿，与张金兰极为相似，声音脆甜，扮相俊美，曾得到过张金兰的亲传。目前邵梅在社会各艺术团体中广泛传播柳琴戏；邵芳则为临沂艺术学校柳琴戏专业的专职教师。正所谓“长江后浪推前浪”，张金兰的孙女邵丹，因自幼在柳琴世家耳濡目染，慢慢对柳琴戏产生了浓厚的兴趣。她曾参与了柳琴戏《沂蒙情》的演出，生动传神地扮演了“小石头”，其虎头虎脑的形象给观众留下了深刻的印象。

虽然祖母张金兰就是红遍鲁南苏北的一代名角，但懵懂年幼的邵丹对此却一无所知。不过因为家族的遗传基因，小姑娘对柳琴戏表演的天赋极高。小时候，邵丹因为去亲戚家玩耍时，偶然听到唱片里祖母张金兰唱的柳琴戏唱段，她很快迷上这种唱腔婉转优美的戏曲，并将经典唱段暗记于心。

1995 年临沂发生了有震感的地震，张金兰一大家人急匆匆躲进了防空洞。拥挤的人群，焦灼不安的情绪，就在大家在地震的虚惊中惴惴不安时，忽然防空洞中飘起了婉转悠扬的柳琴戏。家里人皆很吃惊，循着声音去找，却意外地发现，这清亮悠扬的柳琴戏居然是孙女邵丹唱出来的。这对张金兰与家人来说，简直就是一个意外的惊喜，谁也不曾想到，这位没有拜过师的小女孩居然对柳琴戏演唱有了无师自通的天分。

自此以后，学生时代的邵丹便在各类戏曲比赛中一发不可收，每次参赛都能力拔头筹，黄梅戏、豫剧、评剧等经典唱段她一学就会。从临沂艺校戏曲专业毕业后，一直心怀大学梦的邵丹并没有像其他同学忙着找工作，而是继续求学，考取了四川音乐学院。

柳琴戏是老一辈给我们留下的宝贵遗产，我们这些“80 后”传承人更觉得责任的重大，随着剧团年轻人的逐步增加，我们有信心将它传承下去。相信随着市民观念的转变，剧团经营方式的转变，与商业化挂钩，并在小剧场增加丰富多彩的演出内容，柳琴戏人的前景是光明的！[①]

在邵丹心里，祖母张金兰是一个无法超越的偶像。“毕竟现在环境不同了，如果再想达到她的艺术高度那非常困难。”作为“80后”新一代的柳琴人，邵丹有自己的想法，如何在传承的基础上，与话剧、流行歌曲等艺术形式结合，让唱腔更加现代，柳琴戏才会具有更加旺盛的生命活力。作为新一代的柳琴戏人，邵丹表示，将会通过不断学习，在传统的柳琴戏中融入现代人喜爱的创新元素，以此来吸引更多的群体关注柳琴戏，喜爱柳琴戏。

在家族传承人茁壮成长的同时，古稀之年的张金兰先生仍然保持着丰沛的柳琴戏艺术表演的精力。作为老一代的柳琴人，为了助力柳琴戏的传承发展，她曾不间断地到蒙山沂水大剧场去指导年轻的柳琴戏演员演出。老先生利用自己数十年柳琴戏表演的舞台经验，亲自对年轻演员进行唱念做打基本功的指导、传授，继续发挥柳琴戏老戏骨传、帮、带作用，在柳琴戏发展传承的道路上，老当益壮的张金兰先生像年轻人一样，不遗余力，阔步向前。

① 作者采访邵丹记录。

第七章

成　就

张金兰唱腔艺术的四大特色

张金兰谈唱腔："【叶里藏花】是巧调门，唱【叶里藏花】你得有巧……四句，现在来说是'四句起板'，原来也叫'起板'，但不是这样唱的，这是发挥的，叫'四句起腔'，我唱的和他们唱的不一样……"

张金兰说表演："唱苦戏，你就得叫人哭；唱喜剧，你就得叫人笑啊。"[①]

作为观众喜爱的戏曲"名角儿"，不论身处哪个年代，事实上都需要有先天优越的嗓音条件和个人奋斗的坚韧性。二者合一方可练出一套独有的绝活儿。如川剧中的"变脸""顶碗"，昆剧中的"矮子功"等。柳琴戏"名角儿"的造就，首先，也要在演唱时博采众长，再结合自身嗓音条件创出一种独一无二、且深受观众喜爱的唱腔特色；其次，演员在容貌

① 作者采访记录。

和扮相上要吸引人，眉眼要灵动，身姿要婀娜，使观众赏之悦目，听之醉心；最后，也是至关重要的，唱腔里一定要包含所在区域中的地域文化，包括百姓熟悉的地方语言特色、风俗习惯等。

柳琴戏表演艺术自诞生至传承壮大的过程，历代著名演员基本都是“土生土长”在淮海地区文化区域内的老百姓，如单维礼、卜端品、谷广发、相瑞先、厉仁清、王素琴、霍桂霞、李宝琴、杨秀英、周凤云等等。在区域文化渗透下成长的艺人前辈们，身上都打上了地域性文化的深深烙印。所谓的“一方水土养育一方人”，舞台如战场，观众就是演员们抢占的阵地。为了生存，需要不断拓展演出市场的艺人们深知“知己知彼，方能百战不殆”，他们将现实生活中喜闻乐见的、能触动内心打动情感的、充满了质朴与乡情的腔调故事、口语道白，有的放矢地融入到柳琴戏表演当中，并成功引发了当地老百姓的关注。

正如马良书在《谈柳琴戏音乐的“土”与“特”》中所述，柳琴戏的“土”“特”性是吸引老百姓的不二法宝。

> 柳琴戏（拉魂腔）来自农村，是一个地道的土生土长的“土”剧种。说它的语言是“土言土语”，说它的音乐是“土腔土调”，说它的演员来自“泥土乡里”全都属实……说来说去，也可说“拉魂腔”是一种“土得掉渣”的艺术。对于不了解、不熟悉的人来说，乍一听难免听不惯这种充满“土”气的腔调。然而，你仔细品味就会发现，它“土”中藏美，“土”中见雅，“土”得有趣，“土”得可爱，具有较高的民俗音乐审美价值。[①]

张金兰的柳琴戏表演之所以深得老百姓的喜爱，自然与这种

① 马良书：《谈柳琴戏音乐的“土”与“特”》，《艺术百家》1993年第4期，第72—75页。

“土”“特”分不开。张金兰自幼学戏，来自“泥土乡里”，有着长达二十年的民间演出生涯，可以说她的柳琴戏表演始于民间，成长于乡野。在与观众面对面演出的“讨生活”阶段，张金兰用青少年成长中特有的敏锐，去仔细观察身边乡亲百姓语言腔调的高低承转，情感变化时的表达，以及日常生活中一举一动的细节等等，并在腔词表演中融入所观察学习到的民“声”、民“乐”、民“俗”，彰显演技的表情变化也多来自于对身边农民的观察。

其一，独特的嗓音条件和优美的拖腔。

我国著名的嗓音科学家、歌唱家、医学博士林俊卿在《歌唱发音的科学基础》一书中写道：“声音的好坏是以悦耳的程度来衡量的”。张金兰的声音明亮、清脆，高音有直冲云霄的力度，低音却又异常的柔美与纯净，穿透力极强、音质纯净，与清脆悦耳的柳琴伴奏相辅相成，相得益彰。

众所周知，拖腔是柳琴戏音乐的灵魂部分，是柳琴戏剧种十分显著的特征。特别是女腔上行小七度大跳的拖腔，旋律跳跃、音律优美。正如张金兰先生说：“拖腔是柳琴戏的根”。而“对于演唱拉魂腔的女艺人而言，能否演唱好这个拖腔是关系到艺术成败的重要一关。由于“女腔拖腔要经过七度的翻高以后，音区达到小字二组的d”，因此一般女演员的嗓音条件很难自如地演唱下来，这时就需要借助假声。[①] 但张金兰却能轻松自然地用真嗓完成女腔中的拖腔部分。不能不说，除先天条件优越之外，还与其自童年起就参与柳琴戏表演训练密不可分。长期、不间断的民间演出，将张金兰原本便悦耳动听的声音锤炼和打造的愈发出彩。而她，正是以悦人悦耳之声，传达出了柳琴戏蕴含的乡音俚语的曲调之美，让观众从其表演中获得了美的艺术享受。

---

① 孔培培：《从拉魂腔到柳琴戏——一个剧种的历史传承与时代变迁》，中国艺术研究院 2007 年博士论文，第 51 页。

幼年从艺的人生历程，成就了张金兰入戏快、情感爆发力强的能力，她至情至性的演出总能深深地震撼和感染着观众，让人为之着迷。用张金兰先生非常经典的一句话形容就是：“唱苦戏，你就得叫人哭，唱喜剧，你就得叫人笑啊。”

其二，以情带气，以气带声，腔从字音，字中行腔的哭腔。

哭腔是张金兰唱腔艺术的又一大特色，她仿效了鲁南地区广大妇女的哭声特点。演唱中“以情带气，以气带声”，用“拖”“顿”“叹”来渲染情感，使人闻之心酸。

在表达细腻情感的“小腔弯儿”的处理上，张先生根据自己的嗓音条件，合理变换花腔曲调，同时在唱腔中巧妙地加入一些必要的虚词和衬字，使唱腔更加细腻、俏丽，具有了“拉人魂魄”的艺术感染力。如行腔中的“嗯哎嗨吆”“嗯啊哎嗨咦嗨吆”的巧调儿，就是根据沂蒙山区妇女说话时拖带的尾音弧度加工而成。这种多用在句尾处的效果犹如北京姑娘们撒娇时带的“儿”字尾音，小的语尾助词唱出了老百姓喜爱的味道儿。

张金兰在唱腔处理上，讲究顿挫和节奏变化，若是这种多变的节奏处理不好，很容易变成上气不接下气的断断续续。张金兰是借助了自身音域宽厚，音色澄清的先天嗓音优势，在行腔上一波三折，却又收放自如，特别是“翘”起来的尾腔，干净利索、高耸入云。观众通过听戏便能想象出一位侧身俏立于蒙山之巅、沂水之畔的美丽村姑，她轻展玉臂，抬

高嗓音召唤远方心爱的人，清亮扬起的尾音直入云端，显得悠扬而深远，令人心驰神往。

张金兰的柳琴戏唱腔艺术既有声的脆、甜，又不失腔韵的婉转、华丽。在发声技巧上，其科学地运用发声时声带运动的规律，轻松驾驭了用气与发声、发声与吐字、行腔与剧情表达，形成了其声音不仅有“清、脆、响”，还有“巧、俏、翘”的艺术特点，听上去既流利顺畅又亲切自然。

再如，拉魂腔中的【叶里藏花】[①]，多用于表现小旦羞涩的情绪，曲调非常优美。张先生演唱此曲调时，腔中裹词、以腔带词、词随腔行，格外强调重音和滑音的处理，并以巧妙停顿营造出时断时续、若有若无的美妙意境。其将闺门女含蓄而优雅的情绪刻画得入木三分，极为出彩。用她自己的话说就是："唱【叶里藏花】你得有巧，不能唱得很直。"

其三，虚实有度，断连得心的润腔。

明代戏曲理论家王骥德在《曲律》中指出："乐之框格在曲，而色泽在唱"。"也就是说，乐谱只写出曲调的框架，演唱者在演唱时，要对骨干音调进行润色，称之为'润腔'。"[②]"'润腔'不仅是表情性的，还有一定的技巧性，它以情为中心，以各种润腔手法润饰，弥补曲调表达情感之不足，调整字与曲的矛盾，刻画性格及意境。"[③]

张金兰的柳琴戏表演非常注重"润腔"，注重剧情表达与字、腔的融合。情绪激动处，轻快敏捷、圆滑连贯；严肃时，庄重气派；抒情时，柔美和谐；慷慨激昂时，遒劲有力。张先生注重挖掘剧中人物内在的喜怒哀乐，她将自己化为剧中人，用真情实感去体悟角色，对剧中人物以张弛有度、断连得心、强弱虚实、快慢交错等手段做个性化处理，以真情打动听众、增强作品的艺术感染力，在虚虚实实中展现剧中角色，恰到好处地呈现剧中人物，运用各种"润腔"处理的技巧，从小细节处进行细致的雕琢，精确地处理，正如她自己所总结："戏全是靠熏出来的，记住了唱词就仔细琢磨，懂得了意思就可以自己发挥。在演唱时，俺就比较注意先吐词，后使调门"。张先生也注重在追求"韵味"中的"声要圆熟，腔要彻

---

① 孔培培：《从拉魂腔到柳琴戏——一个剧种的历史传承与时代变迁》，中国艺术研究院2007年博士论文，第51页。

② 中国大百科全书编辑委员会《音乐舞蹈》编辑委员会：《中国大百科全书·音乐舞蹈》，中国大百科全书出版社1989年版，第552页。

③ 同上。

满”（元代戏曲家燕南芝庵《唱论》）的极致，给观者以无穷的遐想空间。

其四，张金兰唱腔语言的“土”

“别人跟我唱的不一样”。① 张金兰唱腔语言的“土”也是吸引戏迷的一大特色。张先生在几十年的“想怎样唱就怎样唱”的艺术实践中，充分利用了该地区“生动、形象、直白、幽默”的方言特色，不仅在戏中进行白描似的生活场景再现。而且还把表现内容、表演风格与当地人们的欣赏趣味、生活习俗结合起来，这样的穿插表演可“以一敌十”地将市井乡野的百姓生活刻画得栩栩如生，不但展现了老百姓的生活，也以柳琴戏表演艺术的形式升华了老百姓的生活，进而使自己的演唱通俗朴实、生动形象。

如《王二英思夫》里的“到厨房和好了一块面，往外看来了俺二哥知心的郎，我这里意了无征啊……”这里的“意了无征”，就是标准的沂蒙方言，意同“恍恍惚惚”的意思；再如“我奄奄颤颤病在了床，我一步也不超半砖地，两步还在砖当央，（哎）未行动，这把扶着墙啊，肝乎打的我是肠子想啊……”中的“奄奄颤颤”意同“病病怏怏”，“肝乎打的我是肠子想”意同“相思入骨”，等等。唱词的“口语化”，使张金兰的演唱变成了在戏迷耳边的亲切诉说，闻之没有距离感，亲切自然又美不胜收，使观众对其演唱的柳琴戏“不听不能解其味，听后方觉余音缭绕，经久不散”。

另如《喝面叶》里“到了清早我还得下湖去锄地（唵），（哎呀）到晌午我还得给驴把草割。我是又洗衣服（哎呀）又做饭（啦）。（哎呀）到晚来月亮下面纺棉花（唵 哎呀唵嗯）……我还替南院的大娘做了一条裤（哩 哎哟 哎哟），又教会（哪是）几个大姐（哎呀）扣花棵（呢哎呀）扣花棵（呢 得儿 哎嗨嗨哟 哼哎咿呀 唵 嗯）。”唱段中所描述的“下湖去锄地”“给驴把草割”“洗衣服做饭”“替南院的大娘做裤”“教会大姐扣花

① 邓秋婷：《论中国民族声乐艺术之“声、韵、情”》，武汉音乐学院2007年硕士论文，第10页。

棵”等场景，描述的都是当地农家少妇一天的生活经历，真实自然、朴实生动，其中如“哎呀唵嗯”“哪是”“得儿哎嗨嗨哟哼哎咿呀”等衬字，除了在演唱中增加乡土性的亲切感之外，还起到了衬托和强化人物“喜怒哀乐”情绪的作用。

再如《王二英思夫》中的“那公鸡含着一个蜀黍穗啊，它是叽叽咕咕的唤母鸡，公鸡就在啊头里跑，那母鸡后面紧跟着，倒把公鸡赶急了，（啊）那个公鸡，它二翅一腾扑扑楞楞楞楞楞飞到屋脊（啊唉唉啊咦），公鸡飞到屋顶上，往下看闪得母鸡还愣愣的。”这种被用唱腔艺术化了的生活场景，几乎在每个农家院都发生过。这种在演唱中的描述令观众在戏里看到了自己的生活，亲切感自然会油然而生。

还如“到厨房和好了一块面……刷刷大锅添上了水啊，这小锅熬菜馏馍馍，把菜熬有好几碗，馍馍馏有二十多。我把菜饭来办好，慌忙我就往托盘上搁。”唱词中“厨房和面”“大锅添水，小锅熬菜馏馍馍”等细致入微的生活画面描述，都是老百姓耳熟能详的生活场景。

张金兰以唱腔为笔、方言为墨，在柳琴戏表演中白描般地再现了老百姓的日常生活，令百姓观之欢喜，赏之亲切。

张金兰唱腔艺术的“唯一性”

“唱一回变一个‘调’，只要观众喜欢，想怎么唱就怎么唱”[①]。

作为连任多届的政协委员，作为在当地艺术表演领域颇具影响力的人物，张金兰先生不辞辛苦，时常为柳琴戏东奔西走，大声呼吁。作为德艺双馨的柳琴戏表演艺术家，张金兰先生更是经常义务地参加一些公益性的演出活动，如各种节庆文艺演出、广场文化艺术节、省市举办的柳琴戏票友大赛，等等。一直以来，张金兰先生被观众誉为是柳琴事业的长青树，人民喜爱的柳琴戏表演艺术家。不能不说，正是因为有了像张金兰这样热爱柳琴戏，终身与之不离不弃的表演艺术家，才有了柳琴戏浴火重生后的勃勃生机；也正是因为有了张金兰等老一辈柳琴戏人的鼓励与传承，才有了像刘桂红、梁福生等新一代的柳琴人在逆境中的坚守与坚持。

如今，已经九十二岁高龄的张金兰先生，仍心系柳琴戏演艺事业，老人家一如既往地关心着柳琴事业的建设和发展。经常向儿媳刘桂红询问剧

---

① 作者采访记录。

团发展和演出情况，无时不刻地关心着剧团年轻演员的成长与发展。在一些有关柳琴戏表演的大型评奖活动中，作为柳琴戏的传承代表人，张金兰先生总能接到邀请。对于此类邀请，在身体允许的情况下，张老先生每次都积极准备，尽量参加。

“为节目组准备即兴演唱节目时，老人家总是吃不下、睡不香，对准备演唱的柳琴戏唱段字字句句揣摩，反反复复演练。”儿媳刘桂红说。

很难想象，一位从事艺术数十载，有着丰富的舞台经验的老艺术家，会对即兴演出的唱段如此大费周折地准备。对此，老人家真诚地说：“年轻时我在舞台上表演的机会多，演出时心里有数，脑子也好用，就会越演越轻松，越有劲儿；现在年龄大了，脑力和体力远不如从前，要是稍不注意就会出现差错，我不能英明一世，毁于一时啊。”①

我们不能不为张金兰先生这种对艺术极度负责感的态度折服，也不能不为老先生几经沉浮、历经磨难后仍然痴心不改的柳琴戏情结所叹服。这就难怪有戏迷说，张金兰的柳琴戏唱腔艺术“前无古人、后无来者”，是空前绝后的。这样的评价虽然带有浓郁的个人喜好，但却不无道理。

首先，张金兰先生极具个人特色的嗓音是独一无二的。张先生所拥有的清、脆、亮、甜，极具质感的嗓音是先天赐予，无法复制的，得天独厚的嗓音成就了她充满了力道、又极具特色的柳琴戏唱腔艺术。为此，极高的嗓音天赋是“张氏柳琴戏唱腔艺术”唯一性的原因之一。

其次，柳琴戏过去叫拉魂腔、自由调，演唱时带有“即兴性”，也就是“自由性”。为艺人带来了很大的发挥空间，艺人们可以随心所欲的演唱，让每位柳琴戏表演者的表演拥有了“和而不同”、各具特色的表演艺术特点；也正因为这种没有约束的“自由性”艺术特点，让天赋极高的张金兰最大程度的发挥了自身的优势，无形中成就了其在柳琴戏表演艺术上

---

① 作者采访记录。

的不可替代性。实际上，柳琴戏“它的板头并不甚严格，曲调也没有一定的规格，不但演员之间没有大致相同的唱腔，各个演员在演唱同一个角色和同一段情节时也不一样，甚至完全不同。”[①] 这也是柳琴戏传统唱腔艺术的一个重要特点。

张金兰先生的“想怎么唱就怎么唱”的“自由性”口头创作艺术，也是有规律可循的，是早期柳琴戏“师傅带徒弟、口传心授”的口头传承方式，保持了演员演唱灵活、多变、运用自如，所以也保持着“畸农、市女顺口可歌”的“随心令”的民间音乐创作特点；是柳琴戏基本调的一腔多用，是在其基本调的基础上进行的程式内的自由；与中国戏曲音乐“声腔运用基本调在统一中求变化的艺术原则”[②] 一样，是其程式化的主要表现。也是符合“‘留主腔、动枝蔓’‘落音不动行腔变’‘母曲派生子曲’”[③]“‘移步’而不‘换形’”[④] 的戏曲艺术创作规律；是历代柳琴戏老艺人在演出过程中，为了创造具体角色不断摸索，总结经验创造产生的，并经过长期的艺术实践代代相传的卓越成就，是基于他们对“程式化”的反复推演，在程式化的基础上不断借鉴其它艺术门类，根据自己的打磨，对戏曲艺术的洗练和心性的锻造，将艺术作为生命状态的一种经验表达；是经过历代老艺人多年的表演艺术经验，创作实践与主观情思的熔铸与再造，是客观的现实美与表演者主观情思、内心感悟形成对人物角色的深刻解读并有机统一的呈现，并带有表演者与戏曲自由性与程式化的烙印。属于“最微妙和最不明确”的部分，是寄存于“戏曲老艺人”心中的戏曲音乐之“灵魂”。这是柳琴戏创新发展的前提，也是张金兰先生唱腔艺术“唯一性”的重要因素。

---

① 相瑞先等演唱、朱瑞云等记谱整理：《柳琴戏剧曲调介绍》，江苏人民出版社 1957 年版，第 5 页。

② 安禄兴：《中国戏曲音乐基本理论》，新疆人民出版社 1998 年版，第 19 页。

③ 同上。

④ 张颂中：《“移步”而不“换形”· 梅兰芳谈旧剧改革》，天津《进步日报》1949 年 11 月 3 日，第 3 版。

后　记

临沂戏曲艺术家评传丛书《柳琴戏苑长青树——张金兰评传》源起“齐鲁文学艺术经典和名家典籍研究出版项目”的立项。全书以传记的形式，记叙了张金兰先生从学艺到成角儿、蛰伏，再到复兴、传承等跌宕起伏的艺术人生。在本书的撰写过程中，得到了国家社科基金艺术学项目“鲁苏皖豫拉魂腔系剧种比较研究”、山东社科规划研究重点项目“柳琴戏‘自由性’艺术特征研究”、“拉魂腔系剧种唱腔‘自由性’艺术创新研究”以及临沂大学优势特色学科沂蒙区域文化艺术研究团队、山东省文化艺术科学“十三五”重点学科“戏曲音乐学”研究团队、临沂大学与中国文艺评论家协会共建的“中国文艺评论基地”、临沂大学与文化部民族民间文艺发展中心共建的“中国戏曲音乐研究中心”、山东省戏曲艺术重点研究基地、山东省中华优秀传统文化（柳琴戏）传承基地的大力支持。

虽然它不尽完美，但也是我们团队完成拉魂腔老艺人的“想怎么唱就怎么唱”的“留主腔、动枝蔓”“落音不动行腔变”“母曲派生子曲”“移步不换形”的“最微妙和最不明确”的艺术规律探索的开始。戏曲老艺人（演员和乐师）既是戏曲音乐的继承者，又是创造者；既是编曲者，又是演唱演奏者；既是一度创造者，又是二度再创造者。如何使用一个基本调进行变化地演唱，不同的艺人，都有一套不同的处理方法。这是一部尚未成书的，具有民族特性的、专业性很强的中国戏曲音乐创作方法。通过张金兰先生“现身说法”，从不同的角度剖析寄存于张先生心中的柳琴戏“自由性”创腔艺术之“灵魂”。

本书的撰写历经 5 年，是我们团队合作的结晶。在前期的寻访、记录、整理过程中，团队成员赵细溪老师做了大量的调研与文案编写工作；在后期的修改打磨过程中，陈萱、上官修启老师付出了很多心血；还有临沂大学的领导及我的同事，给这本书的内容提出了许多有建设性的修改和完善意见。正是有了这些幕后者的默默付出，辛苦劳动，才有了这本书现在的模样。此外，在我校立项的、由文化和旅游部、教育部、人力资源与保障部三部委共同合作的“中国非物质文化遗产传承人 —— 柳琴戏创作与表演人才培养”项目实施期间，各位授课专家也对本书提出了宝贵的指导意见，在此向他们致以诚挚的感谢。

最后，我们希望通过本书的编撰与出版，对张金兰先生艺术人生进行详尽的梳理，对其表演艺术实践进行系统深入的学理研究，逐渐探索总结并形成我国地方戏曲“自由调”艺术理论，逐步构建与完善中国戏曲音乐理论体系；也希望本书的撰写为柳琴戏的传承发展以及“中国戏曲音乐学”的学科构建尽一点绵薄之力。

王秀庭
2019 年 6 月 6 日